民國歷史與文化研究

十九編

第 **1** 冊

民國時期「教授治校」之研究（上）

戚文闖 著

花木蘭文化事業有限公司

國家圖書館出版品預行編目資料

民國時期「教授治校」之研究（上）／戚文闖 著 -- 初版 --
新北市：花木蘭文化事業有限公司，2024〔民113〕
目 4+152 面；19×26 公分
（民國歷史與文化研究 十九編；第1冊）
ISBN 978-626-344-786-8（精裝）
1.CST：大學自治 2.CST：中國
628.08   113009356

ISBN-978-626-344-786-8

民國歷史與文化研究
十九編　第一冊　　　　　ISBN：978-626-344-786-8

民國時期「教授治校」之研究（上）

作　　者　戚文闖
總 編 輯　杜潔祥
副總編輯　楊嘉樂
編輯主任　許郁翎
編　　輯　潘玟靜、蔡正宣　美術編輯　陳逸婷
出　　版　花木蘭文化事業有限公司
發 行 人　高小娟
聯絡地址　235　新北市中和區中安街七二號十三樓
　　　　　電話：02-2923-1455／傳真：02-2923-1452
網　　址　http://www.huamulan.tw 信箱 service@huamulans.com
印　　刷　普羅文化出版廣告事業
初　　版　2024 年 9 月
定　　價　十九編 6 冊（精裝）新台幣 16,000 元

民國時期「教授治校」之研究（上）

戚文闖　著

作者簡介

戚文闖，男，1990 年生，河南開封人，畢業於南京師範大學歷史系，獲歷史學博士學位，現為常州大學馬克思主義學院講師，主要從事民國教育史、中共黨史研究。近年在《理論月刊》《高教探索》《重慶社會科學》等刊物發表論文十餘篇。

提　　要

　　鴉片戰爭後，傳統教育已難以適應急遽變遷的社會，新式學堂應運而生。甲午一役後，「遠法德國，近採日本」成為重要的教育指導方針，京師大學堂等普通大學得以創辦，西方大學「教授治校」的制度理念也隨之傳入中國，並在一些學堂萌芽發展。1912 年民國建立後，教育部頒布《大學令》，以法令形式賦予教授參與大學決策管理的權力，將「教授治校」的制度理念推向全國。受政局、社會文化環境變遷、政府教育政策調整和主導者學識素養等多種因素的影響，「教授治校」在近代中國走過了一條曲折發展道路。依據其在不同時段的發展特點和模式轉換的內在理路，可分為四個階段：1912 ～ 1920 年為創制期；1921 ～ 1928 年為發展期；1929 ～ 1945 年為擠壓期；1946 ～ 1949 年為復興期。制度特點表現為組織形式上代議制和合議制相結合，權力配置注重分權制衡，建立過程以「自上而下」為主。同時在確立和運作過程中又主要受到政府、校長和教授群體等利益相關者的制約和影響。某種程度上，也是基於不同利益主體的現實訴求，通過博弈、協調和妥協等方式建立的一種較為穩定的互動關係。「教授治校」在推動中國近代高等教育的轉型發展，調動教授群體的創造性，維護大學發展穩定等方面產生了積極影響。但也存在決策效率相對低下，教授權力濫用和派系紛爭，教授代表「固化」等問題。

目

次

緒　論

　　國勢之強由於人，人材之成出於學；教育興則國家興，教育強則國家強。中國高等教育經過百年的發展，已取得了巨大的成就。繼上世紀末國家推行「211工程」、「985工程」等高等教育發展工程後，又啟動實施了「雙一流」新的國家教育發展重大戰略部署，成為中國高等教育發展的引領性、標誌性工程。首輪「雙一流」建設從2016年到2020年實施以來，中國高等教育的改革發展與變化成績斐然，高等教育活力不斷加強；2022年又開啟第二輪「雙一流」建設，更加突出重點，聚焦難點，注重內涵建設、特色建設。「雙一流」建設的實施，對於提升中國高等教育的綜合實力和國際競爭力，加快建成一批世界一流大學和一流學科，實現從高等教育大國到強國的歷史性跨越具有重要意義。然而，目前中國高等教育的進一步發展也面臨著學術權力弱化、管理行政化嚴重等諸多問題和挑戰，而「大學制度的創新，是我國創建世界一流大學的關鍵所在」。〔註1〕如何推進大學治理能力和治理體系的現代化，借鑒歐美發達國家一流大學的成功經驗與機制模式，並結合自身發展實際和特色，釋放大學發展的內在潛能與活力，推進高等教育領域的綜合改革，更好地為國家和社會提供智力支撐，也是當前高等教育改革中面臨的重要課題。

　　世界百年未有之大變局加速演進，新一輪科技革命和產業變革突飛猛進，圍繞科技制高點和高端人才的競爭空前激烈，對高等教育改革發展提出了新的任務和挑戰。探索適合中國國情的大學治理模式，我們一方面需要具有國際視野，注意吸收借鑒西方發達國家「教育強國」之路的歷史經驗，但更有必要保

〔註1〕趙文華、龔放主編：《現代大學制度：問題與對策》，上海交通大學出版社，2007年，第5頁。

持本土情懷，立足中國國情實際，繼承和發揚中國近代大學積累的豐厚歷史遺產。「教授治校」作為西方大學傳統的治理模式，有著悠久的發展歷史，與學術自治同為世界一流大學的通常做法。〔註2〕而中國近代大學是伴隨著「西學東漸」，通過移植、借鑒和融合西方大學的發展模式而產生和走向現代化的，是典型的移植體，屬於後發外生型大學。正如蔡元培所言：「吾國今日之大學，乃直取歐洲大學。」〔註3〕中國近代大學在移植借鑒西方大學制度模式時，「教授治校」的制度理念也受到了格外關注和重視，並被引介到中國近代大學的具體實踐中，流行一時。1946 年 1 月，中共代表在參加重慶政治協商會議上提出的《和平建國綱領草案》中，「文化教育改革」方面也明確強調：「大學採取教授治校制度，不受校外不合理之干涉」，〔註4〕從側面反映出民國時期教授治校為各界認可的程度。受國體政治、倫理秩序和文化觀念等多種因素的影響，近代中國大學在移植融合的過程中，又不斷將「教授治校」進行本土化改造，推動從傳統大學向現代大學轉型，這些實踐更能為當今的教育改革提供某些經驗和啟示。

改革開放以來，隨著思想解放和政治民主化進程的深入推進，中國的學術環境和氛圍已取得重大改善，以往許多學術研究禁區的領域，已經或正在發生著重大改變，如關於教會大學的研究，先前由於受到當時政治社會環境的制約，建國之後一直被學界視為帝國主義進行文化侵略的工具，主要持批判的態度。改革開放之後，學界開始從中外文化交流、宗教傳播等角度，重新審視和評價教會大學在推動中國教育現代化進程中的作用。又如對中國近代留學教育問題的相關評價也發生了重大變化，這些也成為時下研究的熱點之一。「教授治校」亦是如此，它曾經被指責批判為「以反對外行領導內行為名，行擺脫黨對高等學校的領導之實」，視為「罪莫大焉」，長期是「一個遭忌諱的提法」。〔註5〕在如今寬鬆的學術環境氛圍中，以及適逢全面深化中國高等教育管理體制改革的時代背景下，〔註6〕「教授治校」作為一種經典的大學治理模

〔註2〕黎保榮：《青春，就是用來追問的：一位大學老師的答問日誌》，東方出版社，2014 年，第 244 頁。

〔註3〕唐鉞、朱經農主編：《教育大辭書》，商務印書館，1930 年，第 42 頁。

〔註4〕孟容師編：《和平民主建設的新階段》，山東新華書店出版，1946 年，第 96 頁。

〔註5〕韓驊：《論「教授治校」》，《高等教育研究》，1995 年第 6 期。

〔註6〕新中國成立以來，高等教育管理體制改革大致經歷了以下七次：(1)1949～1958年，確立中央集權（由教育部和國務院各部委直接管理）的高等教育管理體制；（2）1958～1963 年，高等教育管理體制由集權向放權改革；(3) 1963～1966年，由放權到收權的調整；(4) 1966～1976 年，「文革」中高等教育管理體制

式也成為學術界關注的一大熱點。

　　考察和研究民國時期大學「教授治校」的治理模式與取得的成就之間的聯繫，以及蔡元培、梅貽琦等大學校長的治校理念，對現今完善大學治理，推進高等教育治理體系和治理能力的現代化將大有裨益。教育學者眭依凡就認為：現今大學出現諸多弊病問題，其根源在於「大學理念的偏失和大學理性的背離」，「現在不少大學的決策者把自己視為官員，而非領導者更非學術領導者，他們憑迎合權勢和利益需要辦學，而不是堅守大學的本性按大學的規律治校」。〔註7〕當前我國高校「行政化」趨勢嚴重的傾向也正受到社會廣泛的關注和批評，表現為一方面是外部，即政府對大學管的過多、過死，大學缺乏廣泛的辦學自主權；另一方面是內部，即大學內部管理呈現行政權力泛化，行政事務與學術事務界限模糊，行政權力經常僭越踏入學術事務領域，凌駕於學術權力之上，在決策中教授權威弱化，官本位意識強化和學者的學術自由受阻等問題。〔註8〕設立的學術委員會也缺乏具體的規範，造成一些大學失去「研究高深學問」的價值本性，以及教師等相關利益主體權利表達的缺失，也為滋生權力腐敗洞開門戶，從而嚴重影響大學辦學水平的提高。

　　張維迎在《大學的邏輯》一書中指出：「如果說大學的功能是創造知識和傳授知識，那麼這些功能主要都是通過教授完成的。學校的其他所有機構——比如行政機構——都是衍生工具，是派生出來的而非原始的需求。」〔註9〕教授等學術研究主體應在大學治理結構中居於首要地位，而行政管理人員的責任也「不是去控制學者，而是作為助手為他們服務，滿足他們的特殊需要」。〔註10〕對於如何破解當前高校「去行政化」難題的可行性辦法，〔註11〕有些學

　　　　再次放權；（5）1977～1985 年，撥亂反正後的集權；（6）1985～1997 年，高
　　　　等教育管理體制改革啟動實施；（7）1997 年以來，加大改革力度，全面推進的
　　　　新階段。參見李慶剛：《建國以來我國高等教育管理體制改革演變論略》，《當
　　　　代中國史研究》，2001 年第 3 期，第 55～63 頁。
〔註 7〕眭依凡：《論大學的觀念理性》，《高等教育研究》，2013 年第 1 期，第 5 頁。
〔註 8〕許志紅：《試析大學權力結構的重組》，《黑龍江高教研究》，2005 年第 6 期，
　　　　第 7 頁。
〔註 9〕張維迎：《大學的邏輯》，北京大學出版社，2012 年，第 4 頁。
〔註10〕（美）羅伯特·伯恩鮑姆：《大學運行模式——大學組織與領導的控制系統》，
　　　　別敦榮譯，中國海洋大學出版社，2003 年，第 8 頁。
〔註11〕高校「去行政化」主要有以下內涵，首先是要改變政府對大學管得過多、過死
　　　　的現狀，深層次而言，就是要去政治化；其次是剝離大學分擔的部分政府職能
　　　　（如協助立法、協助組織基層人大選舉、負責計劃生育工作等）；第三是對官

者就將「教授治校」作為重要的切入點。〔註12〕與此同時，中國大學發展所處的時代環境已發生重大變化，大學的主體地位得到進一步彰顯，學術力量在不斷發展壯大，對大學事務的影響也在增強，這也是高等教育改革特別是大學治理結構變革的現實訴求。為此國內某些高校也嘗試實行「教授治校」，設立教授委員會、學術委員會等機構。〔註13〕2009年，中國科技大學原校長、中國科學院院士朱清時在出任南方科技大學校長後，就明確提出去行政化、教授治校的新治校方針，謀求從追求學術至上的精神和卓越的管理機制方面尋求創新突破，強調「教授最瞭解學術，他們代表了學術的方向，所以要讓教授的意志成為學校發展的主導」，行政幹部作為管理人員為教授服務，「去除行政化、讓教授治校、恢復學術至上是中國大學的必由之路」。〔註14〕南方科技大學作為「教授治校」的一個試點，經受著社會公眾與主流教育思想的夾擊，應對更為複雜的局面，但無疑給中國高等教育帶來了理念上的巨大衝擊。

「教授治校」制度理念自西方傳來，在1912年民國建立後開始在中國高校實施，直至1949年新中國成立初期被取締，前後有40餘年的實踐歷史。那麼西方大學「教授治校」的制度理念是何時傳入中國，其途徑、背景如何？在民國時期又是如何演進的？各階段又呈現出什麼樣的發展特點？北大、清華和西南聯大等校又是如何建立和維持「教授治校」體制，具體的運作模式怎樣？在此過程中又存在哪些問題？「教授治校」與「校長治校」以及與政府之間存在著怎樣的張力、衝突與調適？教授群體又是如何堅守和維護「教授治校」的？以及如何評價「教授治校」在近代中國高等教育發展中的成效作用，其發展特點、存在的問題與局限性又有哪些？等等，一系列相關問題，至今尚缺乏系統全面的論述分析。因此理性客觀地重新審視「教授治校」在近代中國

僚體制的反思（大學領導分為副部級、廳局級等，存在嚴重的官僚化現象）；最後一個內涵是讓行政權退出學術領域，還權於學術權力、民主參與權力。參見湛中樂主編：《高校行政權力與學術權力運行機制研究》，北京大學出版社，2018年，第5～7頁。

〔註12〕陳何芳：《教授治校：高校「去行政化」的重要切入點》，《教育發展研究》，2010年第Z1期。鄭宇濤、薛曉東：《理論‧現實‧文化：高校「去行政化」路徑研究》，電子科技大學出版社，2012年，第195～197頁。

〔註13〕現今雖然有些大學設立了教授委員會、學術委員會等組織機構，但大都還只是流於形式，缺乏權威，如此類機構無權推舉系主任、院長人選和決定日常的校務行政事宜，且校政領導也不願教授委員會分權。

〔註14〕朱清時：《讓大學去行政化　回歸學術至上》，鳳凰網，2009年12月24日，https://news.ifeng.com/special/2020/a/200912/1227_9039_1489474.shtml。

大學的發展演變，與政府、校長等方的互動關係及具體的制度設計、運作模式，具有一定的學術價值和現實意義，對於建設中國特色世界一流大學、推動高等教育治理體系和治理能力的現代化亦能提供某些借鑒。

一、國內外研究現狀及述評

「教授治校」作為一種經典的大學治理模式，發源於歐洲中世紀的巴黎大學，其後英國的劍橋、牛津等大學繼承發展了這一傳統，並將其擴散至北美殖民地，美國大學在其基礎上又賦予其新的內涵，至 19 世紀德國柏林大學進一步完善「教授治校」的制度架構，使其成為歐美大學傚仿的典範。

20 世紀上半葉，中國大學在移植借鑒西方大學教育制度的過程中，也將「教授治校」的制度理念引入並付諸實踐，推動了近代中國大學向現代化轉型。近年來，隨著中國高等教育管理體制改革的全面深入推進，構建完善現代大學制度成為高等教育改革發展的重要著力點，「教授治校」也受到學術界的重視和關注，成果迭出，以下就其幾個主要方面予以評述。

（一）「教授治校」內涵的相關研究

謝泳指出當前社會存在對「教授治校」的某種誤解，如有些人僅從表面觀察，錯誤地認為「有教授職稱的人在管理大學」就是教授治校，如果是這樣，「那中國現在的大學早就是教授治校了——現在中國大學裏的負責人，哪一個不是教授？哪一個不是博導？」〔註 15〕之所以會出現這種誤解，就在於未能深刻理解「教授治校」的真正內涵，具體表現為教授治校「治」什麼，教授權力的涉及範圍、對象與權限，制度設計和運作模式等問題。學者們從不同的視角對其內涵進行了界定，因而在理解上也存在一定的差異和分歧。

關於「教授治校」的權力範圍。一部分學者認為教授在其中掌握全部權力：韓驊認為「教授治校」即教授集體全權管理大學事務，而現在人們常說的「教授治校」只不過是大學自治的一種寬泛的習慣性表達，大學自治即廣義上的教授治校。〔註 16〕高田欽也認為西方大學的「教授治校」在性質和內容上是指掌管學校的一切事務，並非參與管理學校的部分事務，但無論採取何種形式，其實質是教授掌握決定權。〔註 17〕耿有權也認為「教授治校」就

〔註 15〕謝泳：《何為教授治校》，《教師博覽》，2011 年第 11 期。

〔註 16〕韓驊：《論「教授治校」》，《高等教育研究》，1995 年第 6 期。

〔註 17〕高田欽：《西方大學教授治校的內涵及其合法性分析高校教育管理》，《高校教育管理》，2007 年第 1 期。

是通過大學憲章或規程以及一定的組織形式，由教授執掌大學內部的全部或主要事務，尤其是學術事務的決策權，並對外維護學校的自主與自治。〔註18〕也有部分學者認為「教授治校」的權力範圍僅限於學術事務管理。眭依凡指出「教授治校」作為一個限定性概念，不具備「校長治校」那樣寬泛的外延，主要是對重大的學術問題進行參與、決策，其治校的內容範疇，如學術規劃的制訂、學術政策的確定、教授的聘用和晉升、課程的設置調整、學生學位的授予，等等。〔註19〕王長樂也認為「教授治校」是一種大學制度理念，而非一種制度技術，該原則未必要求教授直接管理大學，但教授整體必須參與大學管理和決定重大事務。〔註20〕而趙蒙成則認為「教授治校」的內涵實際上可以分為傳統和現代兩種意義。前者指的是教授完全管理高校的機制，而後者則是作為核心力量的高校教師群體參與學校全部事務的管理與決策，並產生作用與影響。〔註21〕可見，關於「教授治校」中的教授是掌握學校全部事務還是僅限於學術事務，學術界存在分歧。筆者以為這種分歧主要緣於未從「教授治校」的歐陸模式、英美模式（也有學者將其細分為英國模式和美國模式）等各國間的治理差異，以及傳統與現代不同時段背景出發予以辨別分析。

其次，「教授治校」中的「教授」是集合概念，表示的是如教授會、評議會等教授團體組織，以保障大學的學術自由和學術自治，而非個體，〔註22〕是一種「讓最懂學術邏輯的學者管理大學」的內行管理機制，也並非單指那些具有最高職別或學銜的「正教授」，〔註23〕或要求每一位教授都能參與決策，而是由教師代表來參與決策環節；〔註24〕與具有作為個體管理大學的校長治校

〔註18〕耿有權：《論「教授治校」在中國大學中的應用》，《理工高教研究》，2009 年第 2 期。
〔註19〕眭依凡：《教授「治校」：大學校長民主管理學校的理念與意義》，《比較教育研究》，2002 年第 2 期。
〔註20〕王長樂：《教授治校是理念而非管理技術》，《科學時報》，2008 年 1 月 11 日。
〔註21〕趙蒙成：《「教授治校」與「教授治學」辨》，《江蘇高教》，2011 年第 6 期。
〔註22〕徐秀麗：《1940 年代後期的國立高校治理——以清華、北大為例》，《史學月刊》，2008 年第 3 期。
〔註23〕彭陽紅：《「教授治校」論》，中國海洋大學出版社，2020 年，第 131 頁；史吉海、史華楠：《中國式「教授治校」和「教授治學」的理論分歧與制度耦合》，《復旦教育論壇》，2023 年第 4 期。
〔註24〕劉超：《學府與政府——清華大學與國民政府的衝突及合作（1928～1935）》，天津人民出版社，2015 年，第 51 頁。

根本不同。〔註25〕葉雋認為「教授治校」的根本「在於要求作為大學主人群體的教授有一個當主人的態度，而不是或孤守於書齋，或奔忙於聲名，或汲汲於入仕」。〔註26〕其他學者也大體如此，如，尤小立認為「教授治校」並非工會式的治校和純粹的「精英治校」，它指的是所有具備長期教職的高級職稱者教授、副教授對學校事務的共同參與，體現的是集體治校，同時也是一種秉承學術傳統與學術標準，以培育健全人格、促進學術發展為基本原則的治校方式。〔註27〕可見，學界對於「教授治校」體現的是集體治校，而非個別教授治校已形成共識，同時強調教授參與大學決策與管理大學事務的核心也是一致的，也正如張鳴所言：「所謂教授治校，是讓他們（教授）作為一個整體，對學校的大政方針，具有發言權和決策權。」〔註28〕

此外，學界對於「教授治校」的現代與傳統、普適性與差異性等方面的理解也存在分歧。如高田欽認為教授治校源自中世紀的西方大學，有著悠久的歷史，是「一種傳統管理模式和管理理念」，〔註29〕強調其傳統性。大部分學者認為教授治校的傳統意義與現代意義存在很大差異。〔註30〕早期的「教授治校」是教授群體完全掌握大學的權力，但隨著時間的發展，教授的行政權力逐步移交給董事會或校長，完全掌握學校的權力逐漸被削弱，演變為現代「以掌握學術權力為主，通過參與治理學校的方式行使部分行政權力」。〔註31〕對於「教授治校」的普適性也存在一定的分歧。蔡國春認為西方大學教授治校的表現形式，在不同的歷史時期和不同國家均有所不同，不能認為其具有永恆的普適性。〔註32〕彭陽紅則指出，教授治校是大學「普遍實施」的一種具有普適性的管理制度。〔註33〕

〔註25〕睦依凡：《教授「治校」：大學校長民主管理學校的理念與意義》，《比較教育研究》，2002 年第 2 期。

〔註26〕葉雋：《大學的精神尺度》，福建教育出版社，2011 年，第 14 頁。

〔註27〕尤小立：《「教授治校」需要明確的三個基本問題》，《科學時報》，2008 年 3 月11 日。

〔註28〕張鳴：《跟著張鳴上大學》，九州出版社，2014 年，第 126 頁。

〔註29〕高田欽：《西方大學教授治校的內涵及其合法性分析高校教育管理》，《高校教育管理》，2007 年第 1 期。

〔註30〕趙蒙成：《「教授治校」與「教授治學」辨》，《江蘇高教》，2011 年第 6 期。

〔註31〕關海寶、羅昆：《衝突與協同：「教授治校」與「校長治校」的權力之辨》，《領導科學論壇》，2015 年第 8 期。

〔註32〕蔡國春、李孝更：《我國大學治理結構中的學術權力及其限度——關於「教授治校」與「教授治學」爭論的述評》，《江蘇高教》，2015 年第 1 期。

〔註33〕彭陽紅：《「教授治校」的現代變革——以德、法、美為例》，《現代教育管理》，2011 年第 4 期。

以上主要是當代學者對「教授治校」內涵的理解，正如許紀霖所說：「任何一種定義都只是一種知性的認識，即將對象中某一組特徵與性質抽象和概括出來，但這樣做無法涵蓋對象的全部複雜的內涵。」〔註34〕要考察民國時期「教授治校」的概念內涵，我們必須將其放在歷史的語境中理解，才能呈現出其確切意義。「教授治校」既是一種現代大學理念，也是一種管理的制度形式，而「民國時期的大學基本實現了教授治校」，〔註35〕尤以北大、清華和西南聯大等校最具代表性。

作為真正在中國首倡「教授治校」的蔡元培，〔註36〕他對北大「教授治校」內涵的理解，則主要是從組織機構的設置、職能、人員構成等方面進行解讀，「首先是組織了一個由各個教授、講師聯合會組成的更大規模的教授會，由它負責管理各系……至於北大的行政事務，校長有權指定某些教師組成諸如圖書委員會、儀器委員會、財政委員會和總務委員會等。每個委員會選出一人任主席，同時，跟教授、講師組成教授會的方法相同，這些主席組成他們的行政會。該會的執行主席則由校長遴選。他們就這樣組成一個雙重的行政管理體制，一方面是教授會，一方面是行政會。但是，這種組織形式還是不夠完善，因為缺少立法機構。因此又召集所有從事教學的人員選出代表，組成評議會。這就是為許多人所稱道的北京大學『教授治校』制。」〔註37〕蔡元培通過設立評議會、科系教授會、行政會議三個組織，推進北大教授治校制度的落實，讓北大教授不僅獲得了學術權力，而且掌控了行政權力，並帶動了行政權力的學術化。〔註38〕

作為中國近代大學推行「教授治校」典範的清華大學，曾歷任清華哲學系主任、文學院院長的馮友蘭也主要是從組織機構及其職權上定義其內涵，他指出：清華大學「每個院長由教授會在教授中選出二人為候選人，由校長就其中選定一人，加以聘任。任期二年，可以連任。校長、教務長、秘書長和四個院長組成校務會議，處理學校的經常事務。四個院長也出席評議會，為當然評議員。

〔註34〕許紀霖：《中國知識分子十論》，復旦大學出版社，2015年，第2頁。
〔註35〕謝泳：《何為教授治校》，《教師博覽》，2011年第11期。
〔註36〕隱隱：《范源濂倡議教授治校之由來》，《申報》，1925年9月18日，第7版。
〔註37〕蔡元培：《中國現代大學觀念和教育趨向》（1925年4月3日），王學珍、張萬倉編：《北京高等教育文獻資料選編（1861～1948）》，首都師範大學出版社，2004年，第541～542頁。
〔註38〕李宜江、吉祥佩：《權力的博弈：蔡元培「教授治校」思想及啟示》，《教育文化論壇》，2021年第6期。

這樣，就有了三級的會議。評議會好像是教授會的常務委員會，校務會議又好像是評議會的常務委員會。因為這三級會議還各有自己的職權，各有自己的名義。校務會議不能用評議會的名義辦事，評議會也不能用教授會的名義辦事。這種教授治校的形式，除了在西南聯大時期沒有評議會之外，一直存在到 1948 年底。」〔註39〕曾在清華任政治系教授兼系主任的浦薛鳳也強調：清華的教授治校，絕非教授干預學校行政，更非校長推諉責任，而是環境、傳統、作風、需要交織形成。「舉凡校中施政方針、年度預算、規章細則、建築設計，以及類似重要事項，或則由教授會議決，或則由評議會商定。教授會每年只開兩三次，而評議會則至少每週一次……評議會中盡可因公而爭得面紅耳赤，但絕不影響私交。此種民主作風，此種對事不對人之雅量，值得大書特書者。」〔註40〕

　　有鑑於此，筆者也將主要依據當時各大學制訂的章程、組織大綱，以及參照教育部頒布的法律法規等條文中對大學內部機構的規定，對民國時期「教授治校」的理念內涵及其發展演變情況進行論述。

（二）「教授治校」與「教授治學」的關係

　　有些學者認為「教授治校」的對象與權限主要是治理學術性事務，將其等同於「教授治學」，認為教授的權力只能限定在學術領域發揮作用。如張意忠認為「教授治校」的內涵主要是治理學術事務，其實質應當是教授「治學」；並強調今日之「教授治校」絕非是中世紀教授集體全權管理大學事務的治校，而是決策學術事務，不是管理學校，更不是去做行政工作。〔註41〕閆雋通過對歐洲模式、英國模式和美國模式三種典型的國外大學內部治理模式進行分析，同時輔以部分學者的觀點為支撐，也認為國外高校的「教授治校」與我們所說的「教授治學」是對同一制度在不同語境下的兩種不同表達方式。〔註42〕

　　但大部分學者強調兩者概念上存在差異，即淵源內涵有別、理論分界明顯、治理效應各異，歸納表現為治理重點不同、權力範圍不同和價值訴求不同三方面。〔註43〕兩者從內涵到外延都是不同的，不能混淆和相互取代。〔註44〕

〔註39〕馮友蘭：《三松堂自序》，東方出版中心，2016 年，第 349 頁。
〔註40〕浦薛鳳：《音容宛在》，商務印書館，2015 年，第 69～70 頁。
〔註41〕張意忠：《論「教授治校」及其現實意義》，《江西教育科研》，2007 年第 9 期。
〔註42〕閆雋：《高等學校教授治校問題研究》，黑龍江大學碩士學位論文，2009 年。
〔註43〕史吉海、史華楠：《中國式「教授治校」和「教授治學」的理論分歧與制度耦合》，《復旦教育論壇》，2023 年第 4 期。
〔註44〕楊移貽：《學術是大學的邏輯起點》，中國經濟出版社，2015 年，第 45 頁。

劉雋穎認為「教授治校」與「教授治學」之爭，其實質在於概念理解上的分歧，主要集中在賦予教授的權力範圍不同，從而導致高校內部權力架構也存在很大差異。〔註45〕陳金聖認為「教授治校」與「教授治學」是兩種完全不同的大學管理理念、制度與實踐，在中外大學史上各有其相應的案例支持，甚至出現在同一所大學的不同歷史階段。在大學共治的變革背景下，兩者之間亦有相通之處和彼此轉換的可能，關鍵是不能過於狹隘地理解教授所治之「學」、過於僵化地看待不斷變化中的教授治校。〔註46〕他還指出：越是歷史悠久、聲望顯赫的大學，其教授權力就越趨向治校的範式；反之，越是歷史較短，聲望一般的大學，其教授權力就越趨向於治學的類型。〔註47〕張楚廷則直接強調「治學」是教授的本職工作，「這個說法是沒有意義的，哪位教授不治學呢？」，因而以「教授治學」來取代「教授治校」，實質上是對「教授治校」的否定和反對。〔註48〕

筆者也更傾向於兩者是不同的概念，就兩者關係而言，「教授治學」是「教授治校」的題中之義，脫胎於「教授治校」，強調教授的「學術本位」，是在「教授治校」難以適用現代中國高等教育改革的現實語境下而被廣為提及的。「教授治學」僅把教授的權力範圍限於教學、學科等學術事務管理中，實則屬於「教授治校」的第一步；而「教授治校」的權力範圍更寬泛，除「治學」管理學術事務之外，又包含對學校的立法、行政、教學等方面的管理權，比「教授治學」要高一層次，是其合理延伸。民國時期，蔡元培與蔣夢麟在北大任校長時，就曾分別推行過「教授治校」與「教授治學」兩種治校模式，在具體實踐中存在明顯的差異，便是重要的佐證。

（三）關於西方大學「教授治校」的研究

外國高等教育史著作、以及專門介紹外國高等教育管理體制類的著作中均有所涉及。如：陳學飛主編《美國日本德國法國高等教育管理體制改革研究》（教育科學出版社，1995年）、賀國慶《德國和美國大學發達史》（人民教育出版社，1998年）及其論文自選集《還原大學》（安徽教育出版社，2012

〔註45〕劉雋穎：《「教授治校」的現實意義及其出路》，《中國高等教育評論》，2017年第1期。
〔註46〕陳金聖：《教授治校與教授治學的兼容性及其現實意義》，《復旦教育論壇》，2014年第2期。
〔註47〕陳金聖：《大學治理引論》，武漢大學出版社，2022年，第95頁。
〔註48〕張楚廷：《大學的教育理念》，西南師範大學出版社，2015年，第162頁。

年）、邢克超主編《共性與個性——國際高等教育改革比較研究》（人民教育出版社，2004 年）、韓驊《學術自治——大學之魂》（中國文史出版社，2005年），吳慧平《西方大學的共同治理》（北京師範大學出版社，2012 年）等。這些著作對國外高等教育的發展、體制變革等內容作了全景式地概述，對西方大學教授治校的問題有所涉及。劉慶斌運用系統論的思想與方法，借鑒伯頓・克拉克的三角協調模型等理論分析工具，對美國大學教授治校的制度演進、權力空間、治理模式、運行機制、保障條件發展趨勢等進行了較為深入而系統的研究。〔註49〕通過閱讀此類著作，筆者發現學界對「教授治校」在西方大學發展軌跡的認識基本一致，即「教授治校」發韌於中世紀的巴黎大學，其後英國、德國大學將其發揚光大，美國大學則有所損益和創新，並賦予其新的內涵。

除以上相關教育史著作外，學界主流認知上一般將大學內部的權力結構分為學術權力和行政權力。〔註 50〕目前國內外學界從學術權力的角度對高等教育進行跨國比較研究較為關注，並出版了一批頗具代表性的學術成果，而「教授治校」也是彰顯大學學術權力為主導的重要制度模式，故此類著作也具有重要的參考價值。

「學術權力」（Academic Power）的概念較早由美國高等教育研究者伯頓・R・克拉克於 20 世紀 70 年代正式提出和使用。〔註 51〕伯頓・克拉克及其學生約翰・范德格拉夫等人也合著出版了多部代表性著作，在《學術權力——七國高等教育管理體制比較》一書中，對德國、意大利、法國、瑞典、美國、英國和日本七國高等教育的學術權力結構進行了分國分專題的比較分析，論述了各國高等教育系統的特征和決策模式的變革，也提到了德、法、意、英等國的評議會、教授會等組織機構的運作。〔註52〕在伯頓・R・克拉克所著的另一部著作《高等教育系統——學術組織的跨國研究》中，又將德、法、英、美、日等國的學術權力，從系（或講座）、學院（或學部）、大學、州（省或市）政

〔註49〕劉慶斌：《美國大學教授治校研究》，中國社會科學出版社，2018 年。

〔註50〕湛中樂：《高校行政權力與學術權力運行機制研究》，北京大學出版社，2018年，第 37 頁。

〔註51〕寇東亮：《學術權力：中國語義、價值根據與實現路徑》，《高等教育研究》，2006 年第 12 期。

〔註52〕（加）約翰・范德格拉夫等編：《學術權力——七國高等教育管理體制比較》，王承緒等譯，浙江教育出版社，2001 年。

府、中央政府等幾個層次進行比較，提出了不同層次的權力概念，即（1）扎根於學科的權力，包括個人統治（教授統治）、學院式統治（教授統治）、行會權力和專業權力四種；（2）院校權力，包括董事權力（院校）和官僚權力（院校）兩種；（3）系統權力，包括官僚權力（政府權力）、政治權力、全系統學術權威人士權力三種。克拉克依據各國學術組織權力的分布、運作特徵，概括出四種權力結合模式，即大陸型模式、英國模式、美國模式和日本模式。〔註53〕為我們認識學術權力的制度安排、具體運作提供了重要參考，教授治校的制度理念在這些權力模式中也均有體現。

美國學者約翰·S·布魯貝克的代表性著作《高等教育哲學》中，第二、三章關於「學術自治」和「學術自由」的論述中，提出教師應該廣泛控制學術活動，而「為了抵制對學術自治的騷擾，學者團體歷來指望專業組織提供保護，這種組織中比較著名的是美國大學教授協會」。〔註54〕其所談的學術自由與自治等內容，認為教師應該擁有參與校務管理的權力和組織教授協會來維護學術自由，也是「教授治校」的重要表現。

國內學者在研究大學學術權力時，也均會論及西方大學學術權力的演進，涉及到「教授治校」這一西方大學傳統的治理模式。如張德祥的《高等學校的學術權力與行政權力》（南京師範大學出版社，2002 年），谷賢林的《美國研究型大學管理──國家、市場和學術權力的平衡與制約》（教育科學出版社，2008 年），趙俊芳的《論大學學術權力》（中國社會科學出版社，2012 年），陳金聖的《大學學術權力的制度化建構──基於組織分析的新制度主義視角》（中國社會科學出版社，2014 年），等等。此類著作在介紹西方大學學術權力演變的同時，也論及對中國高等教育的影響（包含中國近代大學）和借鑒意義，因而具有重要的參考價值。

一些論文也從不同的角度對西方大學「教授治校」的相關問題作了探討。彭陽紅的博士學位論文重點對歐美大學「教授治校」的歷史源流、現代變革和組織機制等內容作了深入考察，並論及「教授治校」對中國高校內部治理結構變革的現實意義。〔註55〕張小傑考察了大學教授在德國早期大學管理中的權

〔註53〕（美）伯頓·R·克拉克：《高等教育系統──學術組織的跨國研究》，王承緒等譯，杭州大學出版社，1994 年，第 123～135 頁。
〔註54〕（美）約翰·S·布魯貝克：《高等教育哲學》，王承緒等譯，浙江教育出版社，2002 年，第 31、39 頁。
〔註55〕彭陽紅：《論「教授治校」》，華中科技大學博士學位論文，2010 年。

力問題，並重點探討了柏林大學內部權力的運行機制、特點等問題。〔註56〕李海玉對美國大學的教授治校進行了研究，認為其本質上是教授對大學事務管理的民主參與。而其能成功運行的因素主要有：大學自治創造了前提條件，終身教職制為其提供了有力支撐，教授會是教授治校的組織保障，開明的校長是教授治校的重要推動者。〔註57〕熊慶年、代林利則在研究大學內部管理體制時，論述了大學教授在一些西方大學管理中的作用、權力等問題。〔註58〕

（四）關於中國近代大學「教授治校」的研究

在 20 世紀上半葉，「教授治校」的制度理念被蔡元培等人引入中國，北大、清華、西南聯大等校也相繼推行了這種治校模式，中國高等教育史著作中多有提及。如：熊明安《中國高等教育史》（重慶出版社，1988 年）、涂又光《中國高等教育史論》（湖北教育出版社，1997 年）、霍益萍《近代中國的高等教育》（華東師範大學出版社，1999 年）、董寶良主編《中國近現代高等教育史》（華中科技大學出版社，2007 年）等，但論述相對簡單。

一些大學校史著作，如北大、清華和西南聯大等校，也對當時「教授治校」的建立和運作過程進行過簡要介紹，如：清華大學校史編寫組編寫的《清華大學校史稿》（中華書局，1981 年），蕭超然、沙健孫等人合編的《北京大學校史（1898～1949）》（北京大學出版社，1988 年），西南聯合大學北京校友會編《國立西南聯合大學校史——1937 至 1946 年的北大、清華、南開》（北京大學出版社，2006 年）等，但校史著作不同於學術著作，多偏重敘述性的記述，對「教授治校」的考察較為簡略，其他一些研究論著則相對具體。

蘇雲峰對 1911 年至 1937 年間的清華大學作了深入研究，並出版了兩部專著：《從清華學堂到清華大學（1911～1929）》對清華學堂的籌設經過與沿革，人事網絡與權力組織之變革，校長人選與繼承風波，經費、校舍與設備，中美教師素質與差別待遇等內容，都有詳細的論述。〔註59〕《從清華學堂到清

〔註56〕張小傑：《關於柏林大學模式的基本特徵的研究》，《華東師範大學學報》（教育科學版），2003 年第 6 期。

〔註57〕李海玉：《教授治校：美國經驗及其對我國的啟示》，《河南理工大學學報》，2014 年第 1 期。

〔註58〕熊慶年、代林利：《大學治理結構的歷史演進與文化變異》，《高教探索》，2006 年第 1 期。

〔註59〕蘇雲峰：《從清華學堂到清華大學（1911～1929）》，生活·讀書·新知三聯書店，2001 年。

華大學（1928～1937）》則對北伐之後至抗戰爆發前，羅家倫出主清華；梅貽琦與清華之發展；清華大學的方針、學制與課程；經費、建築與教研設施等方面作了詳細考察。〔註60〕以上兩部著作對於研究清華大學「教授治校」的建立、實施過程，及其中與校長、政府間的矛盾衝突，具有重要的參考價值。付春梅的博士論文以人與制度的互動為切入點，對20世紀二三十年代清華大學「教授治校」制度進行了深入分析，指出清華大學「教授治校」制度能長久堅持的原因、與國內其他主要大學和美國「教授治校」相比，清華大學「教授治校」的獨有特點。〔註61〕劉超的《學府與政府——清華大學與國民政府的衝突及合作（1928～1935）》則重點聚焦南京國民政府建立初期，清華大學與國民政府之間的互動關係、衝突與合作，書中第四章「柔性治校體制的成型」，也論及清華大學「教授治校」的管理模式。〔註62〕

　　西南聯大在抗日戰爭極為艱苦的環境下，培養了一大批卓越的人才，成為中國教育史上極為特殊的教育現象。近年來，學界對西南聯大的關注頗多，研究也日益深入，其中也較多涉及到聯大「教授治校」的體制模式。岳南的《南渡北歸》三部曲全景描繪了抗戰時期流亡西南的知識分子與民族精英多樣的命運和學術追求，所涉人物囊括了二十世紀人文科學領域的重要人物，如蔡元培、梅貽琦、陳寅恪等，尤其對西南聯大中的校長及教授等知識分子群體的命運，作了細緻的闡述，〔註63〕具有重要的參考價值。岳南的《大學與大師：清華校長梅貽琦傳》則從庚子賠款開始，追溯了梅貽琦和清華大學數十年的發生發展史，不僅詳述了清華大學前期各校長如周詒春、曹雲祥、羅家倫等人的功過得失，還涉及到與梅貽琦同時代的蔡元培、張伯苓、胡適、吳宓等諸多教育學術界人物。〔註64〕對於考察梅貽琦在清華和西南聯大時期推行「教授治校」的歷史，具有重要的參考價值。張曼菱的《西南聯大行思錄》則是作者走訪、親身接觸、交談海峽兩岸西南聯大的老校友紀實性的文學著作，書中第三章「教授『立』校」和第四章「無為而治」，均有校友回憶當時

〔註60〕蘇雲峰：《從清華學堂到清華大學（1928～1937）》，生活‧讀書‧新知三聯書店，2001年。

〔註61〕付春梅：《人與制度的互動：20世紀二三十年代清華大學「教授治校」制度研究》，中國人民大學博士學位論文，2012年。

〔註62〕劉超：《學府與政府——清華大學與國民政府的衝突及合作（1928～1935）》，天津人民出版社，2015年。

〔註63〕岳南：《南渡北歸》，湖南文藝出版社，2015年。

〔註64〕岳南：《大學與大師：清華校長梅貽琦傳》，中國文史出版社，2017年。

「教授治校」下的生活學習情形，作者也稱「『教授治校』是西南聯大的『重頭戲』」。〔註65〕

　　涉及中國近代大學學術權力、教師群體的一些著作也有所涉及和論述，如：張正峰對 1912 年以來政府和各大學頒布的各種賦予教授權力的法規制度作了詳細描述，並通過典型事例來分析教授權力影響學校事務決策的具體體現，及制度背後存在的各類鬥爭對教授權力造成的影響。〔註66〕「教授治校」是教授所獲權力的一種體現，此書為考察民國大學「教授治校」的演變提供了重要參考。其他學者也提出一百多年來中國大學內部的權力博弈跌宕起伏，其中教授權力經歷了「萌芽—擴張—回縮—恢復—缺失—重建」的演變歷程，教授參與大學內部管理的價值取向從「教授治校」向「教授治校」轉變。〔註67〕陳媛從教育史、社會史等多學科的角度，以教授群體、社會及大學之間的作用與反作用為研究主線，論述了近代大學教授群體的產生背景、形成機制、結構特徵和角色作用等基本問題，對於分析「教授治校」中教授的角色定位有重要參考。〔註68〕劉劍虹從教育學的角度，對中國近代大學教師制度變遷、體系全貌、演進軌跡進行了完整呈現。〔註69〕許小青從國家、政黨與社會的視角，考察了 20 世紀二三十年代東南大學和中央大學的早期歷史，探討其從地方性大學到首都最高學府的變化軌跡，書中對於東南大學時期的「教授治校」體制有所分析。〔註70〕蔣寶麟對 1927 年至 1949 年間國立中央大學的教育體制、校園政治文化等問題作了深入考察，折射出「學術」與「政治」間的複雜關係。〔註71〕劉明《學術評價制度批判》（長江文藝出版社，2006 年），左玉河《中國近代學術體制之創建》（四川人民出版社，2008 年），孟令戰《民國時

〔註65〕張曼菱：《西南聯大行思錄》，生活・讀書・新知三聯書店，2013 年，第 261 頁。

〔註66〕張正峰：《權力的表達：中國近代大學教授權力制度研究》，福建教育出版社，2007 年。

〔註67〕張弛，遲景明：《從「教授治校」到「教授治學」——中國大學內部管理中教授權力的演變》，《現代大學教育》，2017 年第 3 期。

〔註68〕陳媛：《中國大學教授研究：近代教授、大學與社會的互動史》，山西教育出版社，2012 年。

〔註69〕劉劍虹：《移植與再造：近代中國大學教師制度之演進》，中國社會科學出版社，2016 年。

〔註70〕許小青：《政局與學府：從東南大學到中央大學（1919～1937）》，中國社會科學出版社，2009 年。

〔註71〕蔣寶麟：《民國時期中央大學的學術與政治（1927～1949）》，南京大學出版社，2016 年。

期教學自由權制度與文化結構研究》（武漢大學出版社，2013 年），魏小琳《學術的治理》（上海交通大學出版社，2020 年）等著作，在部分章節也對中國近代大學教授治校的發展情況作了論述。

有關蔡元培、梅貽琦、蔣夢麟、郭秉文等中國近代大學校長的文集、言論等文獻資料較為豐富，一些研究性著作也對其執掌大學時所實施的管理機制作了論述。如：周川、黃旭《百年指功——中國近代大學校長的教育家精神》（福建教育出版社，1994 年），金林祥《蔡元培教育思想研究》（遼寧教育出版社，1994 年），樑柱、王世儒主編《蔡元培與北京大學》（山西教育出版社，1995 年），黃延復、馬相武主編《梅貽琦與清華大學》（山西教育出版社，1995 年），金林祥《思想自由　兼容並包——北京大學校長蔡元培》（山東教育出版社，2004 年）等。蔡磊砢的博士論文《教授治校與蔡元培時代的北大改革》，著重探討了蔡元培在北大改革成功的原因，從制度規章和實踐兩個層面，勾勒了北大教授治校制度的演變過程，分析了制度的權力結構狀況，並以評議會為例展示了教授治校制度在北大的實踐，指出蔡元培時代北大「教授治校」制度是學者團體模式與科層模式的結合，是蔡元培、蔣夢麟兩種治校理想以及評議會決策三種因素綜合作用的結果。〔註72〕

國外學者的一些研究著作中對於民國時期大學「教授治校」的治理模式也有所提及，如美國著名漢學家費正清主編的《劍橋中華民國史 1912～1949》（中國社會科學出版社，1994 年），以及《費正清中國回憶錄》（中信出版集團，2017 年），日本學者大冢豐的《現代中國高等教育的形成》（北京師範大學出版社，1998 年），加拿大學者許美德的《中國大學 1895～1995：一個世紀的文化衝突》（教育科學出版社，1999 年），以及美國學者易社強的《戰爭與革命中的西南聯大》（九州出版社，2012 年），葉文心的《民國時期大學校園文化（1919～1937）》（中國人民大學出版社，2012 年），魏定熙的《權力源自地位：北京大學、知識分子與中國政治文化 1898～1929》（江蘇人民出版社，2015 年）等。國外的此類著作多著眼於從宏觀上或者微觀視角把握近代高等教育的發展，較多地涉及教育變革與政治、文化間的互動關係，真正對於民國大學「教授治校」的論述較為簡單，有的僅是隻言片語略過，未作深入具體的考察。

〔註72〕 蔡磊砢：《教授治校與蔡元培時代的北大改革》，北京大學博士學位論文，2007年。

　　除了著作外，也有相當一部分期刊論文從不同的視角考察了中國近代大學「教授治校」的實施狀況。左玉河對中國現代大學「教授治校」原則的引入、實施與國民政府控制大學之間存在的內在張力，以及當時中國大學又是如何堅守和維護「教授治校」原則等問題做了考察。認為中國在移植西方現代大學制度時，注重引入「教授治校」原則，並通過設立評議會、教授會等機構為學術自由獨立提供了制度性保障。但國民政府為強化對高等教育的控制，不斷將政治勢力滲入大學，嚴重破壞了「教授治校」的理念原則，如何妥善處理大學與政府的關係，也成為影響中國近現代大學發展的棘手問題。〔註 73〕葉雨薇對清華大學建立「教授治校」制度的過程作了考察，並指出南京國民政府建立後，對教育界採取收束政策，倡導校長集權治校，但清華憑藉特殊的地位，秉持「教授治校」的傳統，借「改隸廢董」的風潮，將此制度予以規範，並在梅貽琦出任校長後成為教育界的典範。〔註 74〕徐秀麗以清華、北大為例研究了 1940 年代後期的國立高校治理情況，認為教授在此時期的清華和北大的校務管理中，地位舉足輕重，教授參與和決策幾乎所有學校事務。〔註 75〕

　　聞黎明較早關注西南聯大的教授群體，對戰時教授群體的政治態度、思想變化作了深入探討。〔註 76〕聞黎明還對一二一運動期間，聯大教授會的活動與作用作了考察，藉以分析自由主義在新民主主義革命中的演化、作用與局限。〔註 77〕其他學者，如王晴佳、王奇生和楊奎松等人，也有以西南聯大為中心的專文，對教授與學潮之間的關係，國民黨在聯大的組織形態和昆明學潮中不同政治立場教授的分化作了細緻分析。〔註 78〕江渝專門考察了西南

〔註 73〕左玉河：《堅守與維護：中國現代大學之「教授治校」原則》，《北京大學教育評論》，2008 年第 2 期。

〔註 74〕葉雨薇：《清華大學「教授治校」制度的萌發與成型》，《學術研究》，2017 年第 7 期。

〔註 75〕徐秀麗：《1940 年代後期的國立高校治理——以清華、北大為例》，《史學月刊》，2008 年第 3 期。

〔註 76〕聞黎明：《論抗日戰爭時期教授群體轉變的幾個因素——以國立西南聯合大學為例的個案研究》，《近代史研究》，1994 年第 5 期。

〔註 77〕聞黎明：《論一二一運動中的大學教授與聯大教授會——中國 40 年代的自由主義考察之一》，《近代史研究》，1992 年第 4 期。

〔註 78〕王晴佳：《學潮與教授：抗戰前後政治與學術互動的一個考察》，《歷史研究》，2005 年第 4 期。王奇生：《戰時大學校園中的國民黨：以西南聯大為中心》，《歷史研究》，2006 年第 4 期。楊奎松：《國民黨人在處置昆明學潮問題上的分歧》，《近代史研究》，2004 年第 5 期。

聯大的「教授治校」制度，認為其是教授集體管理學校行政與學術事務的模式，產生基礎是學術自由的基本價值觀。〔註79〕

（五）「教授治校」運行模式的相關研究

由於受到不同歷史文化背景、政治結構等因素的影響，「教授治校」在不同國家的大學甚至是同一國家不同歷史時期也存在著不同形態的運行方式，中國近代大學也是如此。

伯頓・R・克拉克在《高等教育系統——學術組織的跨國研究》一書中，將國外大學教授的學術權力劃分為四種模式：大陸型模式、英國模式、美國模式和日本模式，〔註80〕為認識「教授治校」的運行模式提供了很好的理路。徐峰、張慶曉等碩士學位論文中，根據學術管理權力的結合方式把歐美大學「教授治校」劃分為三種模式：歐洲大陸模式、英國模式和美國模式，並對這三種模式進行了比較分析。〔註81〕李建華、楊移貽在其著作中也採納了三分法，將西方大學「教授治校」劃分為歐洲大陸、英國和美國三種模式，其中歐洲大陸模式以德國、法國為代表，主要特徵為「教師團體對於學校事務的全面決定權」；英國模式則強調學校董事會、行政機構與大學教授的共同管理，「院、系中的教授會享有較大的權力，可以決定院、系的學生招錄、課程設置、人員任用、資金募用等事務」；而美國模式在結構上與英國模式相似，實行校內外共同管理的模式，董事會權力較大，「教授不再像歐陸模式一樣掌管學校的一切事務，而是主要在學術管理中發揮主導作用。校外人員所組成的董事會則負責制訂高校的基本制度、方針政策和教育資源分配」。〔註82〕從以上三種模式中教授權力的大小來看，歐洲大陸模式最大，次則為英國模式，美國模式中的教授權力範圍最小。

除三分法外，因為英美大學存在很深的淵源，故一些學者將英、美兩種

〔註79〕江渝：《教授治校」制度與西南聯大校園民主文化的形成》，《中華文化論叢》，2010 年第 3 期。

〔註80〕（美）伯頓・R・克拉克：《高等教育系統——學術組織的跨國研究》，王承緒等譯，杭州大學出版社，1994 年，第 137～143 頁。

〔註81〕徐峰：《西方大學教授治校研究》，華中師範大學碩士學位論文，2006 年。張慶曉：《歐美大學教授治校運行模式研究》，杭州師範大學碩士學位論文，2012 年。

〔註82〕李建華：《大學的管理與倫理》，湘潭大學出版社，2013 年，第 108～109 頁。楊移貽：《學術是大學的邏輯起點》，中國經濟出版社，2015 年，第 162 頁。

模式合併為一種英美模式，由此「教授治校」又被劃分為歐洲大陸模式和英美模式。歐陽光華對這兩種模式的差異作了評述。他認為歐陸模式以德國、法國和意大利等國為代表，教授掌握著大學的全部決策權，特別是在學科和專業領域擁有特權，而且在學校各級管理機構中均享有充分的發言權。而英美模式則表現為校外董事和大學教授共同執掌大學決策權，其中董事會負責指導學校發展的宏觀方向和資源分配，由教授組成的評議會則負責學術事務的管理。〔註83〕別敦榮也採用了兩分法，將歐美大學「教授治校」的類型粗略分為歐洲與美國兩種，並對其內涵進行了比較。他認為，歐洲大學的「教授治校」是一種傳統學者行會自治權力的體現。而美國大學實行的「教授治校」，本質上則是一種教授民主參與權的實現，並主要體現在課程設置、教學計劃、招生政策、教師聘任等學術領域。同時，美國大學的「教授治校」還體現了一種相對平等主義的特點，並不表現為歐洲大學中少數講座教授對學術事務強有力的控制權。〔註84〕

（六）存在的問題與不足

改革開放之前，由於受到意識形態、極「左」思潮的影響，「教授治校」多「被當作反動的言論遭到批判」，〔註85〕一直被視為禁區，〔註86〕沒有多少成果可供參考。改革開放之後，思想得以解放，學術環境大為改觀。1983年9月，鄧小平為北京景山學校題詞也倡言：「教育要面向現代化，面向世界，面向未來。」〔註87〕提出了發展教育的指導方針和戰略方向，其後「教授治校」也重新走進學術視野。尤其是在21世紀以來，國內外學界對「教授治校」關注熱切，從多角度針對相關問題進行了分析研究和總結，研究成果較為豐碩，〔註88〕具有十分重要的學術價值和政策價值，為進一步推進「教授治校」的相關研究打下了重要基礎。但也存在一些不盡人意之處，具體表現

〔註83〕歐陽光華：《教授治校源流、模式與評析》，《高教發展與評估》，2005年第7期。

〔註84〕別敦榮：《中美大學學術管理》，華中理工大學出版社，2000年，第68～69頁。

〔註85〕賀國慶：《還原大學》，安徽教育出版社，2012年，第6頁。

〔註86〕張曼菱：《西南聯大行思錄》，生活·讀書·新知三聯書店，2013年，第264頁。

〔註87〕鄧小平：《建設有中國特色的社會主義》，人民出版社，1987年，第21頁。

〔註88〕筆者通過檢索知網系統，以「教授治校」為主題或相關的期刊文獻數量，1957～1999年間歷年均為個位數，2000年起快速增加，在2013年達到峰值70篇後逐年下降，2017年為58篇，2018年為46篇，2019年為26篇，2020～2023年下降至每年5篇左右。

在以下幾個方面：

1. 雖然學界已取得了一些研究成果，但有深度、系統性的研究仍稍顯不足，至今尚未見有對民國時期中國近代大學推行「教授治校」進行整體、系統性研究的學術專著。已有的論述主要散見於各類校史、教育史著作或期刊論文中，而此類文獻著作的研究旨趣多對民國時期的高等教育或相關大學進行概括性的描述，並不把「教授治校」作為專門主題進行重點探討，側重教育制度的變遷、政府教育政策和學校發展的歷程等內容。多數高等教育史著作對於「教授治校」僅僅略有提及，點到而已。而單篇論文則側重於專題性的微觀研究，缺乏整體上的綜合宏觀考察，這也為本選題的研究留有較為寬闊的學術發展空間。

2. 涉及「教授治校」研究的相關論著多從教育學的視角分析論述，已有的碩博學位論文也主要是從教育學角度，重點關注西方大學「教授治校」的發展和運作情況，以及對當代中國高等教育改革的借鑒之處，對於中國近代大學「教授治校」的歷史考察尚有很大不足，而且近代中國風雲變幻，「教授治校」與校長、政府間的張力、衝突與調適，涉及多方政治勢力，需要有史學背景知識的基礎加以理清，這些也是教育學專業所欠缺的，故在此可利用自身歷史學的專業優勢，進行深入系統的研究。同時，學界已有的研究成果多集中於抗戰前的北大、清華等大學或抗戰時期的西南聯大，而關於抗戰勝利後至 1949 年全國解放前夕，「教授治校」在一些大學的推行實踐情況，因資料分散或缺乏，學界的研究還存在很大不足。

3. 近年來，民國時期的教育史料、名人日記等經過整理相繼得以出版，有關大學校史的資料也不斷面世，臺灣地區傳記文學系列及相關著作也在大陸整理重新出版，如《民國時期高等教育史料彙編》（國家圖書館出版社，2014 年），《民國教育史料叢刊──教育學》（大象出版社，2015 年），《民國時期高等教育史料續編》（國家圖書館出版社，2016 年），《民國大學校史資料彙編》（鳳凰出版社，2014 年），《民國時期高等教育史料三編》（國家圖書館出版社，2017 年），《晚清民國教育史料彙編》（廣西師範大學出版社，2021 年），《民國時期高等教育史料四編》（國家圖書館出版社，2022 年）等系列文獻資料相繼出版，以及《蔡元培日記》（北京大學出版社，2010 年），《竺可楨日記》（上海科技教育出版社，2010 年），《朱希祖日記》（中華書局，2012 年），《錢玄同日記》（北京大學出版社，2014 年），《鄭天挺西南聯大日記》

（中華書局，2018 年），《梅貽琦西南聯大日記》（中華書局，2018 年）等民國時期教育界名人日記的整理編輯出版或再版，為深入系統研究此課題提供了重要參考。

二、研究內容和相關概念的界定

本研究基於對相關文獻的分析解讀，重在對民國時期「教授治校」的發展演進、運行實踐、制度特點，以及發展過程中存在的問題和取得的成效等相關內容，作一系統性考察，並作出客觀性評價。時間跨度主要集中在 1912 至 1949 年的整個民國時期，也述及清末中國近代高等教育制度的萌芽發展階段。研究對象主要是北大、清華、東南、西南聯大等公立（國立、省立）大學。此時期中國境內雖也有多所私立大學、教會大學，但這些大學因有其特殊的存在背景和治理模式，校政大權主要掌握在校董會手中，多採用董事會制下的校長治校制。雖也有一些民主治校的政策措施，如私立南開大學，但數量極少，故不是本課題的重點研究對象。早在 1932 年筆名為萍夫的學者發表的《教授治校問題的研究》一文中，便指出：「我們談這個問題（教授治校）是專就國立和公立的學校而言，因為私立學校的組織辦法各有特點，並且大多數的私立學校都是由少數熱心的人集合組織成的。」〔註89〕在此對象範圍內，主要研究以下內容：

（一）主要研究內容

「緒論」部分，主要是提出本課題研究的意義，梳理國內外的研究現狀，評述現有研究存在的一些不足，提出本書的研究思路、內容和方法。

第一章，首先追溯和梳理「教授治校」在西方大學的歷史源流、發展變革和模式特點，其後分析在清末「西學東漸」的時代背景下，「教授治校」制度理念傳入中國的過程、途徑，以及在清末學堂中的萌芽發展情況。

第二章，論述「教授治校」在民國時期的推行演進情況。結合政府頒布的教育法規、各大學公布的章程條例，以及政治社會、教育文化發展變遷的現實背景，並依據「教授治校」模式轉換的內在發展理路，將其劃分為創制期（1912～1920）、發展期（1921～1928）、擠壓期（1929～1945）和復興期（1946～1949）四個時期，重點論述各階段的發展概況、變革的成因等內容。

〔註89〕萍夫：《教授治校問題的研究》，《白河週刊》第 1 卷第 49 期，1932 年 8 月 6 日，第 548 頁。

　　第三章，選取「教授治校」在民國各階段具有代表性的五所大學，對其建立「教授治校」的背景、過程、特點，以及發展過程中出現的問題等方面，進行深入細緻的考察，以期更好地理解和把握「教授治校」的內涵、制度設計和階段發展特點。

　　第四章，在對民國時期「教授治校」的演進發展和典型性大學實踐考察的基礎上，歸納其基本制度要素及在組織形式、權力結構配置等方面的共性特點。

　　第五章，從大學利益相關者的視角，重點分析民國政府、校長和教授群體三方，在大學「教授治校」的建立、運作和維持過程中扮演的角色和影響，以及其中發生的矛盾衝突等問題，並以典型案例予以說明。

　　第六章，通過以上對民國時期「教授治校」多個層面的考察，客觀評價其在近代中國推行實踐過程中的成效意義，以及存在的一些問題與局限。

（二）相關概念的界定

　　教授：本意是傳授或講解學業，《史記‧仲尼弟子傳》中記載：「孔子既沒，子夏居西河教授，為魏文侯師。」自北宋之後開始作為官職的名稱來使用，各路、州、縣學均設置教授，講授經義教導學生，官職比提督學事官稍低。〔註90〕作為教師職級的「教授」則源自日本明治時期創造的譯詞，即英語professor，之後傳播到中國和韓國。〔註91〕《辭海》中則將教授定義為「高等學校教師的最高職務名稱」，〔註92〕偏重於現代意義。對於中國而言，教授制度雖譯自日本，但實際上皆源自西方教育制度，是西方舶來品。

　　清末大學堂的教習（教員）中尚無教授、講師之層級劃分。民國建立後，學堂改稱為學校，1912年10月教育部頒布《大學令》，將大學教師規範化，規定：「大學設教授、助教授；大學遇必要時，得延聘講師。」〔註93〕這也是中國近代最早使用「教授」名稱來稱謂大學教師。〔註94〕1917年9月，教育

〔註90〕王均裕：《詞義古今談》，四川教育出版社，1992年，第259頁。
〔註91〕（日）佐藤貢悅、（韓）嚴錫仁：《中日韓同字異義小辭書》，人民日報出版社，2013年，第98頁。
〔註92〕辭海編輯委員會編：《辭海》（下），上海辭書出版社，1979年，第3363頁。
〔註93〕《大學令》（1912年10月24日），高平叔編：《蔡元培教育論著選》，人民教育出版社，2017年，第26頁。
〔註94〕陳媛：《中國大學教授研究：近代教授、大學與社會的互動史》，山西教育出版社，2012年，第3頁。

部頒布《修正大學令》，對大學教師職稱的規定有所變更，法令中第十二條規定：「大學設正教授、教授、助教授」三級。〔註95〕南京國民政府建立後，教育行政委員會於 1927 年 6 月公布了《大學教員資格條例》，規定：「大學教員名稱分一二三四四等：一等曰教授，二等曰副教授，三等曰講師，四等曰助教。」〔註96〕至此大學教師職稱固定為此四類，並一直沿用至今。從中亦可看出，教師職稱在民初大學發展中並非一成不變。本研究中的「教授」泛指在民國大學中從事教學科研工作的教授、副教授，論及「教授治校」運作機制時也涉及講師等其他教員。〔註97〕

　　教授治校：目前，學界對「教授治校」的內涵還存在爭議，較為普遍的定義是：「指通過大學憲章、規程以及一定的組織形式，由教授執掌大學內部的全部或主要事務，尤其是學術事務的決策權，決定學校的方針大計，對外維護學校的自主與自治。」〔註98〕筆者也較為贊同此界定，但至於教授治校所達到的程度如何，不僅因不同國家而異，而且在同一國家的不同大學、以致同一所大學的不同時期也存在一定的差異，它是一個動態發展的過程。本研究主要針對民國時期大學的「教授治校」展開論述，而判斷大學是否實行「教授治校」的主要標準和依據有：一是來自政府、大學賦予教授治校權力的各種法規條例；二是具體到大學內部組織結構形式上，要有賦予教授參與校務決策管理的教授會、評議會（或校務會議）和各專門事務委員會等機構，且教授代表應在校務決策機構中過半數以上，保障其享有充分的發言決策權，這也是最主要的判斷標準；三是從蔡元培、梅貽琦等校長及顧孟餘、馮友蘭、陳岱孫、浦薛鳳等大學教授，這些親歷者、當事人的文獻中，對「教授治校」的理解認識來評判。

〔註95〕《教育部公布修正大學令》（1917 年 9 月 27 日），潘懋元、劉海峰編：《中國近代教育史資料彙編‧高等教育》，上海教育出版社，2007 年，第 381 頁。
〔註96〕蔡芹香編：《中國學制史》，世界書局，1933 年，第 269 頁。
〔註97〕民國時期，實行「教授治校」的一些大學也允許講師、外國教員等為教授會成員，各校存在一定的差異。如 1917 年 12 月 8 日，北大評議會通過的《學科教授會組織法》中規定：「每一個教員，無論其為研究科、本科、預科教授、講師、外國教員，均為本部教授會之成員，而不僅僅是正教授。」參見《北京大學學科教授會組織法》（1917 年），中國蔡元培研究會：《蔡元培全集》第 18 卷，浙江教育出版社，1998 年，第 230～231 頁。
〔註98〕顧明遠主編：《中國教育大百科全書》第 1 卷，上海教育出版社，2012 年，第 604 頁。

三、研究方法及創新之處

（一）研究方法

1. 歷史文獻法。涉及民國大學「教授治校」的相關資料廣泛地散見於校史文獻、名人文集、日記、傳記、回憶錄以及民國報刊雜誌、檔案等各類文獻中。要理清這一制度的傳入過程和實踐情況，需要通過收集、甄別和整理這些文獻，並以核心文獻為綱，遵從第一手資料為原則，為課題分析解讀、歸納總結等具體的學術研究提供堅實、系統的資料支撐。同時借助歷史研究法，對研究對象的源流、發展和變化的過程作深入全面的分析，從而在考察對象的歷史與現狀的基礎上揭示其本質、特點，並進行客觀評價，以鑒往知來。

2. 個案研究法。對某個單一的研究對象進行全面而深入的案例分析研究。具體而言，主要以民國時期幾所典型的大學，如北大、清華和西南聯大等校為案例，深入分析「教授治校」治理模式的實踐過程、運作特點，以及與校長、政府之間的衝突與調適，以求從微觀上具體考察此項制度。

3. 比較分析法。通過比較北大、清華、東南大學等校「教授治校」體制模式的差異性，既能看出西方大學制度理念在近代中國傳播的階段性變化，也能看到歐陸模式與英美模式之間的差異，以及中國近代大學在移植借鑒西方大學制度經驗的同時，注意結合自身發展實際，進行本土化改造的嘗試。

（二）創新之處

一是研究視角創新。教育學專業研究者多關注「教授治校」對教學科研的發展和中國高等教育改革的借鑒作用等方面，往往忽略其與當時政治、社會背景之間的影響關係。本文將「教授治校」的傳播與發展實踐置於更廣闊的社會歷史時空中，重點從政治社會、教育文化理念變遷等視角，來考察「教授治校」制度理念在近代中國演進實踐的歷史發展軌跡。同時，分析中國近代大學對西方大學不同模式的選擇與接受，以及在實踐、制度層面的本土化改造，並從利益相關者的視角，探討政府、校長和教授群體對「教授治校」推行、運作的制約與影響。

二是研究方法的創新。在對「教授治校」傳入中國的路徑及發展演進的歷史脈絡梳理的基礎上，歸納總結其制度特點、制約因素，取得的積極成效、意義，以及在實踐過程中存在的一些問題與局限。同時，依據不同時期的發展特點劃分階段，具體分析「教授治校」在不同階段的發展趨勢、原因和制度設計上的差異性，並列舉一些代表性大學進行深入的個案分析。

　　三是在吸收既有研究成果的基礎上，綜合運用檔案資料、史料彙編、民國報刊雜誌，相關人物的全集、日記和書信等多種資料，詳加考證，通過實證分析對民國時期「教授治校」的相關問題進行系統性研究。

第一章　清末「教授治校」的傳入

　　「教授治校」是西方大學內部治理的一種傳統模式，鴉片戰爭後，在「西學東漸」的過程中，清政府進行教育學制改革，西方大學「教授治校」的制度理念也隨之傳入，並在清末創辦的一些學堂中萌芽。為了深入理解「教授治校」的核心內涵和傳入背景，有必要考察其在西方大學的源流發展及運作模式。

　　「教授治校」之所以能在西方國家取得成功，並成為大學治理中的一項傳統而延續至今，得益於西方社會悠久的民主傳統，這種傳統導源於古希臘、羅馬的民主政治，「教授治校」正是這種民主政治文化形態在大學治理中的現實存在和反映。同時，西方大學也是在與教會、世俗勢力的鬥爭中誕生的，並參照行會組織模式，自發組織起教師或學生行會，迫使外部勢力承認其獨立性，從一開始就獲得了獨立於教會、政府之外的自我管理權，這與中國近代大學自誕生之日起主要由政府扶植、主導有很大區別。追求獨立自主的行會自治思想，也是推動「教授治校」成為西方大學治理傳統的重要思想來源。

第一節　「教授治校」在西方大學的流變

　　「教授治校」與大學自治、學術自由，雖不一定是西方大學制度中的具體內容，但卻是西方大學傳統的教育理念和大學治理的基本制度、原則，是高於具體的大學制度之上的價值觀層次的精神性內容。「教授治校」發軔於歐洲中世紀的巴黎大學，其後英國的牛津、劍橋等大學繼承和發揚了這一傳統，使之日臻完善，並擴散到北美殖民地，美國大學又賦予其新的內涵。至 19 世紀初

德國柏林大學建立後，倡導教學與科研相統一，尊崇學術自由與大學自治，「教授治校」的制度建構進一步完善，體制優勢也得到了充分發揮，一度成為歐美眾多大學傚仿的典範。

一、歐洲中世紀「教師行會」型大學

歐洲中世紀的大學是現代大學的直接源頭。〔註1〕而基督教在近千年的傳播和發展過程中，逐漸在當時的歐洲各國政治、經濟和文化領域佔據重要地位，並於11至13世紀形成了一個龐大的國際神權中心，處於鼎盛發展時期，此時的學校教育也成為其附庸機構。在教會的支持下，陸續建立了一些大主教區學校、修道院學校。學校各項事務管理由大主教及其委託的下屬負責，故有學者將當時的學校稱作「一個居住僧侶的村莊」。〔註2〕為了擺脫教會及世俗勢力的控制，一些大學參照當時流行的商業行會模式，建立起教師或學生「行會」組織，並通過不斷鬥爭，贏得了獨立自治權。以巴黎大學為代表的「教師行會」型大學，由此也開創了西方大學「教授治校」的傳統。

（一）「教師行會」型大學的建立

「大學」一詞來源於拉丁文「universitas」，指的是工藝行會。〔註3〕11世紀左右，隨著城市商業貿易的發展和自治化趨勢的加強，城市裏的商人、手工業者為了維護自身利益，對抗各種勢力的侵犯，率先以行會形式聯合起來，這種行會不僅是生產組織，也兼具軍事、宗教和互助組織的性質。〔註4〕商業行會組織的建立，為大學組織的形成提供了範式參照，「大學就是在這種有社團思想的時代精神下發展起來的」。〔註5〕為了反對教會、世俗勢力的控制和干預，教師們選擇聯合組織起來，以便「保護他們的利益，以及引入有利於自己的壟斷機制」，〔註6〕「教師行會」或者說教師社團組織即由此產生，並以巴黎

〔註1〕 金耀基：《大學之理念》，生活・讀書・新知三聯書店，2008年，第1頁。

〔註2〕 （美）Clark. Kerr：《大學的功用》，陳學飛等譯，江西教育出版社，1993年，第26頁。

〔註3〕 （英）史蒂夫・富勒：《科學的統治：開放社會的意識形態與未來》，劉鈍譯，上海科技教育出版社，2006年，第81頁。

〔註4〕 賀國慶：《還原大學》，安徽教育出版社，2012年，第22頁。

〔註5〕 （美）伯頓・克拉克主編：《高等教育新論──多學科的研究》，王承緒等譯，浙江教育出版社，2001年，第29頁。

〔註6〕 （法）雅克・勒戈夫：《中世紀的知識分子》，張弘譯，商務印書館，1996年，第59、60頁。

大學為典型代表。

巴黎大學「為歐洲最古大學之一，於中世紀最宏盛而有名」。〔註 7〕教會和世俗勢力在巴黎大學的演進中扮演著重要角色，這兩股勢力試圖控制和監督大學。巴黎大學也正是在與教會和國王世俗勢力的鬥爭中，決定組成「教師行會」，通過集體抗爭，逐步獲得財政、人事及教師隊伍建設等權力在內的大學自治權。此外，中世紀大學的經費以自籌為主，財政上保持相對獨立，且大學規模較小，用費不大，對教會或政府等外部力量的依賴較小，使其在與教會或王權的鬥爭中，處於有利地位，也為大學保持自主獨立奠定了物質基礎。〔註 8〕

1150 年，巴黎大學在巴黎聖母院大教堂學校的基礎上創立，1180 年，法國皇帝路易七世親自授予其「大學」稱號。〔註 9〕而 13 世紀是大學的世紀，同時也「是一個社團組織的世紀」，〔註 10〕受商業社團組織潮流的影響，為了更好地維護自身的利益，抵抗聖母院主事，巴黎大學的教師選擇聯合起來，參照商業行會組織模式，建立了以教師為主體的「教師行會」。〔註 11〕除了反抗教會勢力外，當時的法國國王也曾試圖控制巴黎大學，藉此希望為王國帶來財富、聲名和成為培養官吏的場所。為反對世俗勢力的干預控制，1229 年，巴黎大學師生與國王的衛隊甚至爆發了流血衝突，造成許多學生被殺，巴黎大學又舉行罷課，並撤往奧爾良繼續與國王斗爭。至 1231 年，「聖者」路易九世終於承認了巴黎大學的獨立地位。〔註 12〕在與教會、世俗勢力的鬥爭中，也促成了新式人學的誕生和知識的傳播與發展。

巴黎大學從教會、世俗政權那裏取得自治權後，不斷建構和完善內部秩序，由教師集體決策管理學校各類事務，從而確保大學在「教師行會」的保

〔註 7〕　（日）吉田熊次：《德國教育之精神》，華文祺等編譯，商務印書館，1916 年，
　　　　　第 12 頁。

〔註 8〕　吳慧平：《西方大學的共同治理》，北京師範大學出版社，2012 年，第 37～38
　　　　　頁。

〔註 9〕　張旭鵬：《西方文明簡史》，四川文藝出版社，2011 年，第 116 頁。

〔註 10〕　（法）雅克・勒戈夫：《中世紀的知識分子》，張弘譯，商務印書館，1996 年，
　　　　　第 59、60 頁。

〔註 11〕　（法）愛彌爾・涂爾幹：《教育思想的演進》，李康譯，上海人民出版社，2003
　　　　　年，第 127 頁。

〔註 12〕　（法）雅克・勒戈夫：《中世紀的知識分子》，張弘譯，商務印書館，1996 年，
　　　　　第 61 頁。

護下，真正獲得「探求知識和研究學問的自主權」。〔註13〕1252 年，巴黎大學還在校印上專門刻上拉丁文「巴黎師生行會（Universitas Magistrorumet Scholarium Parisiensium）」的字樣。〔註14〕巴黎大學由此發展成為一所典型的「教師大學」，〔註15〕開啟了西方大學「教授治校」的傳統。

歐洲中世紀大學依據權力掌握的主體，大致可以分為二種類型：教師型大學和學生型大學。巴黎大學是教師型大學的典型代表，而博羅尼亞大學則是學生型大學的典範。〔註16〕兩者均屬於中世紀大學自治的模式之一，本質上均享有很大的自主權。具體比較而言，巴黎大學是先建立了教師之間的連帶關係，組成「教師行會」，由教師掌管校務，而後吸引四面八方的慕名者前來求學。正如法國社會學家涂爾幹所言：「巴黎大學建校伊始，就是一群人的集合，而不是一組講授科目的集合。它起初所表現出來的教師之間的連帶關係，要遠遠高於他們所教授的科目之間的連帶關係。」〔註17〕而博羅尼亞大學正好相反，先有學生（主要是領有聖俸的神職人員或者律師），且多為成年男子，再由學生去招聘教師組建成大學。學生組成的社團負責主持校務，組織學校各方面運作，如教師選聘、學費的數額、學期和授課的時限分配等，而由學生聘請的教師的權力則十分有限。

就教師型大學和學生型大學的整體發展而言，巴黎大學所開創的教師型大學模式，傳播範圍較廣，在歐洲北部的大學十分盛行，如英國、德國、瑞典、丹麥等國的大學。而學生型大學模式的影響範圍則相對較小，僅在歐洲南部的意大利、西班牙等國的大學傳播。〔註18〕

（二）「教授治校」傳統的開創

巴黎大學這種「教師行會」型大學，所開創的「教授治校」傳統（因最初尚無教授、講師之分，準確地說應為「教師治校」），可以理解為教師群體通過組建「教師行會」，由教師全權決策和處理大學各項事務的一種治理模式。校

〔註13〕（加）許美德：《中國大學 1895～1995：一個世紀的文化衝突》，許潔英譯，教育科學出版社，2000 年，第 19 頁。

〔註14〕李興業：《巴黎大學》，湖南教育出版社，1988 年，第 21 頁。

〔註15〕（美）查爾斯·霍默·哈斯金斯：《大學的興起》，王建妮譯，上海人民出版社，2007 年，第 14 頁。

〔註16〕王杰主編：《中外大學史教程》，天津大學出版社，2008 年，第 106 頁。

〔註17〕（法）愛彌爾·涂爾幹：《教育思想的演進》，李康譯，上海人民出版，2003 年，第 127 頁。

〔註18〕華文英：《高等學校內部控制研究》，湘潭大學出版社，2018 年，第 36 頁。

內也並未設立專職行政人員，「就像商業行會裏的工匠和手藝人一樣，知識和學術的標準完全是由他們（教師）自行制定」。〔註19〕行會中的每一位成員皆有權參與學校重要事務的決策，集中體現了教師的主導地位，凸顯了「教授治校」的精神理念。

首先，教師在學校各級層面的決策管理中均享有權威地位。巴黎大學的內部組織主要由以下兩種形式構成：一種是以學生原籍和語言為標準組成的四個「民族團」（也譯為同鄉會），〔註20〕即諾曼底民族團、庇卡底民族團、英格蘭民族團和法蘭西民族團。每個民族團推舉一位長者作為本團的首領，並以校長顧問身份參與大學的重大決策。另一種則是以學科為特徵劃分的四個學部（或稱學院），即文學部、理學部、法學部和醫學部。〔註21〕學部原本屬於一種「行會」，由屬於同一專業領域的教師組成教授會，共同討論決定課程設置、學位授予等相關事務，並對「新任教師的資格」進行認證，對加入該行會的成員進行規範管理。〔註22〕大學教授也由各學部教授會預選，再經大學評議會權衡，提出候補者兩名，由教育總長任命一名。〔註23〕各院長也由教授會選出，任期較短（1個月或6周，後延長至3個月），並且直接接受全校大會的監督和管理。〔註24〕

其次，作為學校最高長官的校長，也由教師群體選舉產生，大致分兩個步

〔註19〕（加）許美德：《中國大學1895～1995：一個世紀的文化衝突》，許潔英譯，教育科學出版社，2000年，第20頁。

〔註20〕李興業在《巴黎大學》一書中翻譯為「民族團」；而在（英）艾倫‧B‧科班的《中世紀大學：發展與組織》（周常明、王曉宇譯，山東教育出版社，2013年）一書中則翻譯為同鄉會。

〔註21〕甘永濤認為中世紀大學由教師們聯合成的特殊的專業行會組織就是教授會。並認為：「在中世紀大學裏，就總體而言有藝科（faculty of arts）、法律（faculty of law）、醫學（faculty of med-ical）和神學（faculty of theology）四個教授會出現。每個教授會都有權頒發本學科的教學許可證書，決定本學科的教學規則和學生紀律，大學的重大事務都由這幾個教授會共同會商。」參見甘永濤：《大學評議會的緣起：歷史理性、合法性與認同基礎》，《湖南師範大學教育科學學報》，2010年第1期，第85～86頁。筆者也贊同此說法，雖然當時中世紀大學尚未有教授、講師層級劃分及教授會機構的正式提法，但此四個學部的職權已與後來的教授會職能類似。

〔註22〕張磊：《歐洲中世紀大學》，商務印書館，2010年，第145頁。

〔註23〕孫百剛：《各國教育制度及概況》，新中國建設學會出版，1934年，第281頁。

〔註24〕（英）艾倫‧B‧科班：《中世紀大學：發展與組織》，周常明、王曉宇譯，山東教育出版社，2013年，第97頁。

驟，先由各民族團的首領、各學部院長參加，次由民族團和各學部選舉出來的教師代表參加；校長任期開始時每月改選一次，後改為三個月改選一次，16世紀以後，變為校長一年改選一次。〔註25〕校長起初多由文學部教授擔任，〔註26〕且對候選人資格有嚴格的要求，須具有教授文法或修辭學七年以上，或教授哲學兩年以上資歷的長者擔任。校長的權力也十分有限，主要行使受委託的權限，必須對教師群體負責，並接受其監督。

巴黎大學建立起的以教師為主體管理大學的模式，促使「教授治校」或者更確切的說是「教師治校」成為其內部管理的特色。教師們結成一個平等協商的行會團體，有權制定教學大綱、經費分配、選舉校長、教師聘任、招生和學位授予、課程設置等重要事務，「教授治校」之傳統即由此而來。而當學校遭到外部勢力干涉時，教師行會又可以通過多種方式予以反抗，維護學校的獨立、自治。

巴黎大學作為法國國立大學中最有權威之一校，其「規模之大，基金之富，不但國內之大學莫與比倫，即全歐各國之大學，亦相形見絀」，〔註27〕吸引了來自歐洲各地上萬名優秀學子和學者來此求學、任教，由巴黎大學開啟的「教授治校」模式也藉此很快傳播到歐洲其他國家，並在一個相當長的時期，成為其他大學傚仿的對象，被譽為「歐洲大學之母」。〔註28〕如德國的選帝侯（Elector Palatine）魯普雷希特（Ruprecht）於1386年創建海德堡大學時，便明確要求：「將依據巴黎大學已經約定成俗的方式和慣例進行統治、布置和管理」，在系科設置，乃至服飾上都盡可能「傚仿巴黎大學的樣子」，故海德堡大學被戲稱為「巴黎大學的侍女」。〔註29〕中世紀大學的精髓與若干傳統，如「教授治校」一直為後世所延續和傳承，也正如哈斯金斯所言：「儘管中世紀大學與現代大學差別巨大，但中世紀大學是現代大學的源頭和基礎，基本制度是一樣的，歷史的延續性不能切割。它們開創了現代世界的大學傳統，這種

〔註25〕 李興業：《巴黎大學》，湖南教育出版社，1988年，第21～24頁。

〔註26〕 在巴黎大學，文學部（或稱基礎學部）與其他幾個學部相比，規模比較大，教師的人數眾多，在整個大學裏的比例占壓倒性多數。因此，巴黎大學的校長由文學部的學部長兼任逐漸成為慣例。參見張磊：《歐洲中世紀大學》，商務印書館，2010年，第139頁。

〔註27〕 孫百剛：《各國教育制度及概況》，新中國建設學會出版，1934年，第279頁。

〔註28〕 陳豔、楊鵬：《一本書看遍世界名校》，清華大學出版社，2015年，第183頁。

〔註29〕 （美）查爾斯·霍默·哈斯金斯：《大學的興起》，王建妮譯，上海人民出版社，2007年，第17頁。

共同的傳統屬於我們今天所有的高等教育機構。」〔註30〕

二、英國大學對「教授治校」的發展

19 世紀之前英國高等教育的發展史，幾乎就是牛津和劍橋大學的校史。〔註31〕牛津大學的最初建立者是寄讀於巴黎大學的英國學者，1167 年，他們歸國後以巴黎大學為藍本創建了新大學，〔註32〕故有學者將牛津大學的原始組織形態，視為「一種對巴黎教師社群的無意識複製」。〔註33〕而劍橋大學又移植了牛津模式，深究而言，兩校皆承繼自巴黎大學，「教授治校」之傳統得以繼承和發揚，且在幾個世紀中，英國大學「通過各學院而實施的教師控制一直比其他任何地方更為強大」。〔註34〕

英國的大學普遍享有很大的自治權，大學不屬於政府部門管轄，國家和地方也並未建立完善的高等教育系統，教師也非公務員，政府一般不直接介入大學事務。〔註35〕同時，「大學在財政資源上幾乎完全獨立於中央政府」。〔註36〕大學內部也實行學者主導型的管理體制。牛津、劍橋「兩校各設校長，僅任名義，副校長 一年一任，由舍長〔註37〕公推。設校務委員會，委員共十六人，由與大學有關係者公選，教授互選四人，舍長互選四人。此外又設校務大會，出席人數甚多。各項業務委員會，有向校務會建議之權。」〔註38〕可知，牛津、劍橋大學的校長均為名譽職位，由各院院長推選出的副校長才是實際的行政領導，有權處理學校各類事務，但對校務委員會（今多稱「評議會」）

〔註30〕賀國慶：《歐洲中世紀大學起源探微》，《河北大學學報》（社會科學版），2007年第 6 期，第 28 頁。

〔註31〕吳慧平：《西方大學的共同治理》，北京師範大學出版社，2012 年，第 48 頁。

〔註32〕張旭鵬：《西方文明簡史》，四川文藝出版社，2011 年，第 116 頁。

〔註33〕（英）海斯汀·拉斯達爾：《中世紀的歐洲大學——博雅教育的興起》，鄧磊譯，重慶大學出版社，2011 年，第 29 頁。

〔註34〕（美）克拉克·克爾：《大學之用》，高銛等譯，北京大學出版社，2019 年，第 12 頁。

〔註35〕吳慧平：《西方大學的共同治理》，北京師範大學出版社，2012 年，第 47 頁。

〔註36〕（美）愛德華·希爾斯：《學術的秩序——當代大學論文集》，李家永譯，商務印書館年，2007 年，第 222 頁。

〔註37〕此處的舍長即為院長。歐洲中世紀早期的學院就是學舍（domus scholarium），最初就是為貧窮學生提供的公寓，後來演變成了一個自治的教師和學生的學術社團。參見宋文紅：《歐洲中世紀大學的演進》，商務印書館，2010 年，第 183 頁。

〔註38〕孫百剛：《各國教育制度及概況》，新中國建設學會出版，1934 年，第 284～285 頁。

負責。校務委員會負責學校日常事務管理，為大學校務的實際掌控者。校務委員會及其他組織機構的構成人員主要以教授等學術人員為主，充分體現了「教授治校」的特點。

　　民國學者常導之在其著作《各國教育制度》一書中，對於劍橋大學內部的管理體制、組織機構作了較為詳細的介紹：

　　　　劍橋大學設大學總長（Chancellor）為名譽職，實際負行政責任者為就各院院長中選出之副總長（Vicc-Chancellor），任期一年。輔佐總長執行校務之機關為大學參議會（Council of Senate），以本大學有選舉權的教職員選舉八人，各學院院長互推四人，教授代表四人組織之。

　　　　大學參議會執行校務之報告，應受大學會議（Senate）之審核，大學會議之構成人員包括大學總長，副總長，神、法、醫、理、文、音樂、哲學各科博士（對於最後兩者尚有須寓居劍橋若干時期之限制），以及神科學士，醫科、文科、法科、藥科碩士等。

　　　　此外重要機關有教務會議，以副總長、各學科會議（或作教務分會）所各自推出之一人，以及大學會議所選任之八人組織之。該會議之主要職權為計劃並審議關於學科及考試事宜，並聘任讀師（Reader）、講師（Lecturer），惟須經有關之學科會議之同意。

　　　　學科會議之構成人員為各專科之教授、講師及考試員；其職權乃為關於各該學科之教學及研究事宜。主要的學科會議有：神學、法學、古典學、中古及近代語言、數學、物理化學、生物與地質學、歷史與考古、精神科學、音樂、經濟與政治、農林等等。

　　　　教授選任會之構成人員為副總長，及大學會議所推出之代表八人（其中由大學參議會提出二人，教務會議提出三人，有關之學科會議提出三人），任期八年。選任教授時，至少須有該會會員三分之二出席，並有出席會員過半數之同意始得確定，不能選出時，始得由總長直接聘任。〔註39〕

　　從劍橋大學所設以上機構的運作和構成人員來看，校長（即「大學總長」）的權力十分有限，僅僅是名譽職位，實際由副校長（副總長）具體負責學校行政事宜，但任期很短，一年一任。由教授為主體的大學參議會（也被譯為校務執

_____

〔註39〕常導之：《各國教育制度》上卷，中華書局，1936年，第78～79頁。

行會）無疑是學校權力的核心，與中國近代大學中設置的評議會類似。而出席人員廣泛的大學會議（Senate），「實際上是等於一個國家的國會，是全校行政最高的審議機關，而不是一個執行學校事務的組織」，〔註40〕只具有監督、審核之權，職權主要為「審定校務執行會、學科會之報告，以及其他純粹關於學術的種種問題」。〔註41〕學科會議由該科的教授、講師等教員組成，具體負責本學科的教學研究、教師聘任等事宜，類似於民國時期一些大學設置的各科教授會。

　　牛津大學也在不斷探索和完善發展中形成了學院制模式，大學相對鬆散，一切權力主要由學院掌控。學院是獨立的法人實體，內部成員「通過討論的方式達到意見一致，並通過這樣的過程進行決策」，〔註42〕負責課程編制、政策制定、經費使用和選聘教師等工作，具有很強的自治性，集體決策、一人一票的民主管理方式也成為其重要特徵。同時牛津大學「一直有權選舉他們的校長」，從而「保證了大學在教會與王權之間擁有相當的獨立性」，〔註43〕這種分散自立的結構方式，一直延續至今。

　　18 世紀中後期之後，受工業革命的影響，英國政府和工業界將大學視為推動科技創新和社會經濟發展的重要工具，大學也迎合了這種發展需要，逐漸由「從事特定專業的訓練機構轉變為起社會統治工具作用的機構」。〔註44〕謝菲爾德大學、伯明翰大學、曼徹斯特大學等一大批新型大學開始出現，此類大學的建立和發展與當地社區、工業的發展聯繫密切，並設立了主要由外部人士組成的董事會，由此形成了董事會和評議會共同治理的結構模式，董事會由外部理事組成，主要負責資金籌集和財政預算，評議會由大學教師組成，負責教學、學科設置、課程規劃和學生管理等校內事務。1858 年的英格蘭大學法案（Scotland's Universities Act）正式將此種大學治理模式予以規範化。〔註45〕這種實質上由「校外人士和本校學者共同參與管理的現代模式」，適應了當時

〔註40〕　《文摘：教授治校的條件》，《廣東教育》第 1 卷第 1 期，1946 年 5 月 20 日，第 65 頁。
〔註41〕　余家菊：《英國教育要覽》，上海中華書局，1925 年，第 193 頁。
〔註42〕　（英）托尼‧布什：《當代西方教育管理模式》，強海燕主譯，南京師範大學出版社，1998 年，第 75 頁。
〔註43〕　（德）彼得‧扎格爾：《牛津──歷史和文化》，朱劉華譯，中信出版社，2005 年，第 5 頁。
〔註44〕　（美）伯頓‧克拉克：《高等教育新論──多學科的研究》，王承緒等譯，浙江教育出版社，2001 年，第 31 頁。
〔註45〕　孟倩：《大學內部治理的分權與制衡──博弈論的視角》，中央編譯出版社，2016 年，第 53 頁。

的社會發展需要，迅速成為「英國的一種典範」。〔註46〕英國大學的這種治理模式對於美國高等教育的發展產生了重要影響，促成了與德、法等歐洲大陸國家不同的「教授治校」模式。

三、德國大學對「教授治校」的規範

19 世紀初，新創立的柏林大學將西方大學「教授治校」的傳統進一步繼承和發揚，並建構起了相對完整的組織結構體系，成為以學術自由、大學自治和科學研究為主要特徵的現代大學的楷模。自 1810 年柏林大學建立至 1914 年第一次世界大戰爆發前夕，也是「德國大學發展的鼎盛時期」。〔註47〕

德國的大學相較於意大利、法國、英國而言產生的較晚，最早的大學誕生於 14 世紀中葉，並且「德國之大學教育，不過由意法輸入而已」，〔註48〕缺乏自身的特色。19 世紀初，德國大學因對社會的貢獻較小，也無法滿足國家對專業技術人才的需求，因而長期處於社會的邊緣，大學存在的合理、合法性備受質疑和挑戰，陷入了危機之中。加上 1806 年普魯士在耶拿戰爭中慘敗於法國，朝野上下檢討失敗的原因，大學教育也成為眾矢之的。改革傳統大學或者建立新式大學已勢在必行。洪堡對德國高等教育的改革和柏林大學的建立就是在此背景下展開的。

（一）洪堡的教育改革理念與柏林大學的創建

威廉・馮・洪堡（Wilhelm von Humboldt，1767～1835）出身於普魯士軍官家庭，深受康德、盧梭等思想家的影響。1809 年，洪堡受命擔任普魯士內務部文化及教育事物司司長，雖然實際任職僅有短短 14 個月，但卻成就了柏林大學。〔註49〕洪堡上任之後，便把建立柏林大學作為首要的改革任務，並系統地提出了具有現代意義的教育思想，強調大學的科學研究及「教授與學生的自由」，將「教授確立為大學內外的大人物」。〔註50〕

〔註46〕（加）約翰・范德格拉夫等編：《學術權力──七國高等教育管理體制比較》，王承緒等譯，浙江教育出版社，2001 年，第 93 頁。

〔註47〕陳洪捷：《德國古典大學觀及其對中國的影響》，北京大學出版社，2006 年，第 2 頁。

〔註48〕陸規亮：《德國教育之實況》，中國圖書公司和記，1916 年，第 24 頁。

〔註49〕陳洪捷：《德國古典大學觀及其對中國的影響》，北京大學出版社，2006 年，第 35 頁。

〔註50〕（美）克拉克・克爾：《大學之用》，高銛等譯，北京大學出版社，2019 年，第 6 頁。

　　1810 年，洪堡發表了《論柏林高等學術機構的內部和外部組織》一文，提出了自己的教育改革思想。他認為「所謂高等學術機構，乃是民族道德文化薈萃之所，其立身之根本在於探究深邃博大之學術，並使之用於精神和道德的教育」。〔註51〕洪堡將探究學術作為大學的重心所在，這也正是他創建柏林大學的動力源泉，科學研究與創新已成為提升國際地位和競爭力的關鍵。以至於在此後的 1870 年普法戰爭中，「俾斯麥戰勝了拿破崙三世」，歐洲各國也普遍將這場勝利歸功於「普魯士校長們和德國教授們的一場勝利」。〔註52〕在如何處理大學與政府的關係，以及政府應處於何種地位、角色方面，洪堡強調：「政府的任何介入，只會產生阻礙作用；脫離政府，其發展會更加順利。政府之地位，大抵如下：在現實社會中，任何大規模的事業都需要外在制度和經費的保障，政府因此具有學術研究提供這種保障之義務。但無論政府如何為其提供組織和經費支持，都會有損於學術；再者，學術與外在制度和經費安排有本質區別，兩者結合，必然有消極的後果，精神與高遠之物必然墜入物質與低俗之境地。因此，僅從彌補政府無辜而促成的損害或阻礙角度看，政府務必一再認清高等學術機構內在的特質。」〔註53〕關於政府對高等學術機構的責任而言，洪堡提出：「政府不可把大學視為文科中學，或是專門學院，也不能把科學院當作國家所屬的技術或科學機構來對待。就總體而言，絕不能要求大學直接地和完全地為國家服務；而應當堅信，只要大學達到了自己最終的目標，它也就在更高的層次上實現了國家的目標。」〔註54〕可見，在洪堡看來，大學之目的在於科學研究、探索純粹的學問和真理，而不在於為政府服務；政府也應當擺好位置，不可過多地干預大學發展。

　　按照洪堡的這種教育改革理念，「探究深邃博大之學術」是大學立身之本，〔註55〕通過教學與科研的統一，使教師、學生開展廣泛的研究性學習，師

〔註51〕 （德）洪堡：《論柏林高等學術機構的內部和外部組織》，趙衛平編：《中外著名大學校長治校理念與辦學制度文獻選編》外國卷之一，浙江大學出版社，2015 年，第 2～3 頁。

〔註52〕 （西）奧爾特加·加塞特：《大學的使命》，徐小洲、陳軍譯，杭州：浙江教育出版社，2001 年，第 47 頁。

〔註53〕 （德）洪堡：《論柏林高等學術機構的內部和外部組織》，趙衛平編：《中外著名大學校長治校理念與辦學制度文獻選編》外國卷之一，浙江大學出版社，2015 年，第 3 頁。

〔註54〕 陳洪捷：《德國古典大學觀及其對中國的影響》，北京大學出版社，2006 年，第 34～35 頁。

〔註55〕 歐洲中世紀的大學不以科學研究為重點，「與專業或職業教育也幾乎沒有什麼

生以研究者的身份為學術而共處。同時大學應獨立於政府的管理系統，反對
國家對大學進行過度干預，大學的組織原則應獨立於國家的組織形式和社會
經濟生活，從而使大學教師和學生能夠甘於寂寞，不為任何俗務所干擾，完全
沉潛於科學研究之中。洪堡的貢獻就在於將這些制度綜合起來，並明確地作為
大學教育的基本制度，由此創建了柏林大學這所新型大學。〔註56〕

　　1809年8月16日，普魯士國王威廉三世採納了洪堡的方案，決定創建柏
林大學。1810年10月，柏林大學正式開學，約翰‧哥特利普‧費希特為首任
校長。洪堡的教育改革順應了大學和時代發展的潮流，在大學為國家、社會服
務的前提下，柏林大學享有較大的自治權，政府只管出資，基本不過問大學內
部事務，尊崇學術自由、大學自治成為其精神主旨。正如博伊德所說：「柏林
大學的建立不只是增加了一所大學而已，而是創造了一種體現大學教育的新
概念。」〔註57〕英國評論家阿諾德（Mathew arnold）也指出：「法國大學缺乏
自由，英國大學缺乏科學，而德國大學則兼而有之。」〔註58〕

（二）柏林大學對「教授治校」的完善及影響

　　柏林大學在爭取到外部政府較少干預的同時，在內部實行「教授治校」，
教授享有充分的特權和自由，並通過評議會等組織對校務進行決策管理。柏
林大學按照教師的學術水平及各個學科的成熟度，將其劃分為正教授、副教
授、編外講師、助教等不同的等級，在權力分布上，「權力完全一頭交給正教
授」。〔註59〕

　　美國航天工程學家馮‧卡門（錢偉長、錢學森、郭永懷皆為其親傳弟子）
曾在德國任教多年，並從1909年起做了三年編外講師，據其所說，德國大學
「教職層次上最高的是終身教授，或者叫正教授。當時，這個職位由德皇任
命，政府付薪。他們往往是學院院長或在大學中踞有高位。次一級是副教授，
再下一級就是編外講師。所謂編外講師，就是等候正式任用的教師。他們必須

　　　　關係，所有學科都屬於『基本文化修養』」，主要為神學、哲學、藝術等學科。
　　　　參見（西）奧爾特加‧加塞特：《大學的使命》，徐小洲、陳軍譯，杭州：浙江
　　　　教育出版社，2001年，第54～55頁。
〔註56〕彭小雲主編：《柏林大學》，軍事誼文出版社，2007年，第2頁。
〔註57〕（英）博伊德：《西方教育史》，任寶祥、吳元訓譯，人民教育出版社，1985年，
　　　　第330頁。
〔註58〕賀國慶：《還原大學》，安徽教育出版社，2012年，第100頁。
〔註59〕（美）克拉克‧克爾：《大學之用》，高銛等譯，北京大學出版社，2019年，
　　　　第15頁。

經教授會議批准才能開課，薪水概由聽課的學生負擔。」〔註60〕可知編外講師雖可以進行教學工作，但是沒有工資而只有講課費，且非終身制，還必須經過教授會考察通過後方可聘任，使用研究所也須徵求教授的意見。在柏林大學內部的權力結構中，正教授享有非常突出的地位，校長、院長更多的是象徵性職位；至於其他人員，如編外講師、助教、學生等則被排除在決策層之外。

在洪堡「學術自由」與「教授治校」的教育指導理念下，柏林大學及其他德國大學設立有由全體正教授和其他教學人員組成的教授會（也稱大評議會），其最為重要的職能是遴選校長。同時在校一級還設立有學術評議會議（也稱小評議會），作為主要的決策性機構，由學部（學院）主任、各學部選派的教授代表和具有備選資格的兩三名教授組成。在學部（學院）一級則設立有部務委員會（inner faculty），由全部教授和部分非教授教師組成，負責學部的課程安排、考試和學位授予事宜，並負責向教育部長推薦講座職位、教授備選等空缺，學部主任也由部務委員會選舉出的教授擔任。〔註61〕可見，以教授為主體的組織機構掌握著大學及各學院的決策管理人權，柏林大學呈現出一種「以教授組織為中心的大學自治模式」。〔註62〕西方大學「教授治校」的傳統得到了進一步發揚，制度組織形式也日趨完善，成為歐美其他國家的大學競相模仿的對象。

教授權力的彰顯還體現在基層研究所採取的講座制上。德國的大學在校內普遍建立了講座教授制度，「把研究和教學統一在正教授身上，加強了他作為研究所主任的領導地位和在大學管理方面作為兼職決策者的重要影響」。〔註63〕講座制某種程度上，繼承了中世紀商業行會中師傅佔據絕對主導地位的傳統。正如西方教育史學者傑格爾所言：「學科首先是一個以具有正當資格的研究者為中心的研究社團。各個體為了利於互相交流和他們的研究工作設立一定的標準，組成了這個社群。」〔註64〕講座制就是基於學科知識的專業

〔註60〕（美）馮・卡門、李・愛特生：《馮・卡門——航空與航天時代的科學奇才》，曹開成譯，上海科學技術出版社，1991年，第53頁。

〔註61〕（加）約翰・范德格拉夫等編：《學術權力——七國高等教育管理體制比較》，王承緒等譯，浙江教育出版社，2001年，第23～24頁。

〔註62〕胡建華：《比較視野中的高等教育研究》，中國海洋大學出版社，2009年，第69頁。

〔註63〕（美）伯頓・克拉克：《高等教育系統——學術組織的跨國研究》，王承緒等譯，杭州大學出版社，1994年，第51頁。

〔註64〕（美）華勒斯坦：《學科・知識・權力》，劉健芝等編譯，生活・讀書・新知三聯書店，1999年，第21頁。

化和學術分工的要求建立起來的，在確保教授治校、大學自治等方面發揮了特殊功效。

柏林大學聘請了一批在神學、醫學、物理、化學、語言等學科領域傑出的學者，擔任講座教授，主持集教學與科研於一身的研究所。〔註65〕在組織管理上，講座教授擁有很大的權力，「就像一個在自己領地內的貴族，具有為所欲為的權力」。〔註66〕不僅擁有領導研究所、招收學生、人員招聘、設置課程、經費管理和自主研究的權力，還可以直接從政府獲得研究資金與設備，且擁有支配資金的權力。研究所是一個獨立的教學研究單位，擁有全部必要的人員和設備，如實驗室、資料室、教室和討論室等。院、校一級的管理者更多的是協調工作，並不直接介入教授的研究與教學活動。講座教授制實際成為教授在學術、行政管理上的一種個人化統治。美國高等教育家伯頓·克拉克（Buaon R. Clark）指出：「雖然個人化的權力總是具有被濫用的可能，但是，沒有這種權力，高等教育系統顯然不能有效地運轉，因為它保證個人研究時的創造自由和個人的教學自由。」〔註67〕柏林大學開創的講座制為其他德國大學所仿傚，後來法國、意大利等歐洲國家，以及亞洲的日本均相繼借鑒講座制，「講座組織已遍及全世界，並且它一直是作為大學構造和配員的常規方式而存在」。〔註68〕這種以教授為核心的講座制，使得教授擁有很大的學術和行政管理的權力，推動了大學的現代化。但由於講座教授獨攬教學科研、人事財務等大權，也容易造成學科壁壘森嚴，忽視組織中的其他弱勢個體等問題，一定程度上也會制約學術科研的發展。〔註69〕

柏林大學被後人譽為「現代大學之母」和近代大學的典範。〔註70〕洪堡的教育改革理念和以柏林大學為代表的「19世紀德國式的大學」，倡導的教學研究自由，教授治校等理念，「隨著帝國主義和殖民主義一起擴張到世紀的大部

〔註65〕 一般地，自然科學領域多使用「研究所」（institute）一詞；在人文科學和社會科學領域，則稱為「研討班」（seminar）；在醫學領域，則稱為「醫學研究所」（clinic）。參見單中惠主編：《外國大學教育問題史》，山東教育出版社，2006年，第261頁。

〔註66〕 單中惠主編：《外國大學教育問題史》，山東教育出版社，2006年，第271頁。

〔註67〕 （美）伯頓·克拉克主編：《高等教育新論——多學科的研究》，王承緒等譯，浙江教育出版社，2001年，第20頁。

〔註68〕 （美）伯頓·克拉克：《高等教育系統——學術組織的跨國研究》，王承緒等譯，杭州大學出版社，1994年，第52頁。

〔註69〕 趙俊芳：《論大學學術權力》，中國社會科學出版社，2012年，第169頁。

〔註70〕 彭小雲主編：《柏林大學》，軍事誼文出版社，2007年，第1頁。

分地方」，〔註71〕不僅被歐美各國大學所仿傚，對於中國也產生了重要影響。
曾留學德國的蔡元培在 1916 年底出任北京大學校長後，對北大進行大刀闊斧
的改革，便主要借鑑吸收了洪堡的大學理念和德國大學「教授治校」的傳統，
〔註72〕從而一舉奠定了北大作為一所現代研究型大學的基本品格。蔡元培對
中國近代大學現代化的推動和貢獻不言自明，其教育革新的思想源頭無疑得
益於德國的大學與人物。

四、美國大學對「教授治校」的變革

　　美國大學由於獨特的國家文化背景和社會環境，與德、法等歐洲大陸國家
有很大不同，自身也缺乏根深蒂固的大學傳統，其大學治理模式早期主要受宗
主國──英國的影響，將英國大學的傳統移植而來。自 19 世紀起，美國一些
考察者在目睹了德國大學教學科研的迅猛發展後，又將參考目標轉向了德國，
學習借鑑其治理模式和成功經驗，並進行損益變革。同時，美國大學「教授治
校」的形成也是教師為爭取應有的權益進行長期鬥爭的結果。

　　美國大學早期由於發展環境的影響，民間資助高等教育發展的特點較為
明顯。在 17、18 世紀的英屬北美殖民地時期，率先建立的哈佛學院（1636
年）、耶魯學院（1701 年）等大學，由於缺乏足夠的財政基礎，尚不具備獨立
自治條件，只能求助於校外其他社會力量的支持，便組織建立起了由校外人
士組成的董事會。當時尚未有評議會，學院的最高決策機構為董事會或校監
委員會（board of oversees），也統稱為管理委員會（governing board），委員會
經過英國王室或殖民地立法機關特許後，執掌學校的決策權，「擁有管理學校
資產、任免校長等項權力以及有為學校的經辦募集資金等責任」。〔註73〕校長
對董事會或校監委員會負責，並行使其委託的權力與職責，這種由校外非教育
專業人士決定學校事務的組織管理模式，與歐洲傳統的大學自治模式截然不
同。〔註74〕此時期教師的專業化程度、學術水平也不高，地位並不突出，在學

〔註71〕（美）魏定熙：《權力源自地位：北京大學、知識分子與中國政治文化（1898
　　　　～1929）》，張蒙譯，江蘇人民出版社，2015 年，第 14 頁。
〔註72〕羅家倫：《逝者如斯集》，傳記文學出版社，1981 年，第 57 頁。
〔註73〕陳學飛：《美國高等教育發展史》，四川大學出版社，1989 年，第 4 頁。
〔註74〕哈佛學院在 1637 年經殖民地總法院批准建立了由 12 人組成的校監委員會，即
　　　　麻薩諸塞殖民地總監、副總監、財政大臣、三名地方官員和六位教會牧師。
　　　　1640 年享利・鄧斯特（Henry dunster）受命任哈佛的首任校長。1642 年麻薩諸
　　　　塞殖民地總法院重新改組了哈佛校監委員會，使其變為常設的永久性的機構，

院事務管理上作用有限。

但在美國獨立後，資本主義經濟的快速發展和領土擴張，為美國高等教育的發展變革奠定了物質基礎。1795 年，耶魯大學第 8 任校長蒂莫西・德懷特指定 3 名教授組成教授會，共商學校大事，首開學校重大事件與教授協商之風氣，奠定了耶魯大學乃至美國大學「教授治校」的基礎。〔註75〕19 世紀初期，隨著美國大學規模的不斷擴大，教師隊伍的不斷壯大，且日漸專門化、規範化，主體意識顯著提升，教授在大學中的權威和地位也不斷提高，而「大學董事對於教育，雖略知梗概，然博而不精」。〔註76〕為推動學校發展和彌補董事會治校之不足，教師們強烈要求參與到學校事務管理之中，尤其是學術事務決策。哈佛等校教師通過鬥爭，迫使董事會讓出學校招生、課程、學生教育與訓練等事務的管理權。

19 世紀中葉，隨著大批留德學生、學者陸續返回美國，學習德國大學的治理模式和經驗成為一種潮流。一批重視教學、科研的「研究型」大學應運而生，如約翰・霍普金斯大學、芝加哥大學和斯坦福大學等，教授等學術人員主體在大學中的作用日益彰顯，社會地位也不斷提高，許多大學陸續建立評議會〔註77〕、教授會，負責學校的教學科研管理工作。如，康奈爾大學在 1891

並批准哈佛的校長作為院方的唯一代表參加了該委員會。可見除校長外，校監委員會其他成員皆為非教育專業的校外人士。陳學飛認為美國殖民地學院在創立初期之所以出現由校外人士而非教授進行管理，其原因有三：（1）建立麻薩諸塞殖民地的清教徒屬於加爾文教派，而加爾文派的信條之一就是主張俗人必須參與社會機構的管理與決策。（2）歐洲的大學是在長期即已存在的學者團體（行會）中逐漸演進形成的，而殖民地時期的美國學院實際上是由種種非學者社群創立的，需要求助於社會力量的支持。（3）殖民地學院在創建初期除了校長之外，教師一般都是臨時聘用的教士。他們不同於歐洲大學的教師，並不是專業化的學者社群，因而無志於參與學院的管理與決策過程。參見陳學飛：《美國高等教育發展史》，四川大學出版社，1989 年，第 4～5 頁。

〔註75〕付軍龍：《大學創新教育論》，教育科學出版社，2012 年，第 115 頁。

〔註76〕（美）Charles W. Eliot 著，何炳松譯：《美國大學教員團》，《新教育》第 3 卷第 3 期，1911 年 3 月，第 378 頁。

〔註77〕美國各大學評議會的成員構成、權力大小有所不同。組成人員方面，有的大學評議會主要由教授構成，有的大學則由教授、院長和其他的管理者構成。權力大小也不盡相同，如同為公立大學的伯克利加州大學和密歇根大學。伯克利加州大學的評議會是美國最有權力的大學內部組織之一，而密歇根大學的評議會權限則稍弱，作用較為溫和，這與各大學不同的歷史環境和大學傳統有很大關係。參見李巧針：《美國大學董事會、校長、評議會權力關係解析及啟示》，《國家教育行政學院學報》，2007 年第 11 期，第 93 頁。

年頒布新章程，設立學術評議會（Academic Senate）作為學校的立法機構，由校長和所有正教授組成，對大學的教學科研等事務具有決策權。〔註78〕耶魯大學在第 13 任校長亞瑟・T・哈德利（1899～1921 年任校長）時，也已發展成「教授會立法，校長同意，校董事會批准」的管理模式。〔註79〕作為「內行」的評議會、教授會參與到校務決策之中，也彌補了「外行」董事會管理具體校務之不足，從而形成了美國大學內外行共同治理大學的新模式。

20 世紀初期，美國大學中的諸多事務管理，尤其是「關於課程、學術和人事的權力，一再地下放給教師」，教師的主體性日益突出，使得「董事會在大學的（主要）功能——教學方面所擁有的權力幾乎喪失殆盡」。〔註80〕由於教師與以校外工商界人士組成的董事會在價值觀上存在諸多分歧，董事會經常無故解聘一些教授。為了維護教師權益，1913 年，霍普金斯大學教授洛夫喬伊（A. O. Lovejoy）倡議成立一種全國性教授聯合組織，此建議得到了霍普金斯大學教師及其他大學的積極響應。1915 年，美國各大學聯合成立了具有全國性質的「美國大學教授協會」，有力地保障了教師權益和大學學術自由，也使得以教授為主體的評議會、教授會制度進一步鞏固和完善，學術力量空前高漲。美國教育改革家克拉克・克爾指出，美國大學在 1920 年以後成為「教師主宰」之大學。〔註81〕

五、「教授治校」的制度內涵與模式機制

（一）「教授治校」的制度化內涵

「教授治校」在西方大學經過數百年的發展完善，仍能經久不衰、歷久彌新，自有其豐富的合理性價值。通過以上對西方不同國家大學「教授治校」發展歷程的考察，我們可以從以下幾方面對其內涵進行分析理解。

第一，權力主體是集合概念，而非指單個教授，並主要以教授會、評議會等組織為表現形式。無論是歐洲中世紀大學，還是現代的歐美大學，「教授治

〔註78〕唐漢琦：《高等教育治理改革的價值研究》，中國海洋大學出版社，2018 年，第 73 頁。

〔註79〕袁振國主編：《中國教育政策評論・2012》，教育科學出版社，2012 年，第 254 頁。

〔註80〕（美）羅伯特・伯恩鮑姆：《大學運行模式：大學組織與領導的控制系統》，別敦榮主譯，中國海洋大學出版社，2003 年，第 7 頁。

〔註81〕（美）克拉克・克爾：《大學之用》，高銛等譯，北京大學出版社，2019 年，第 58 頁。

校」的權力主體皆是如此，只不過主體中的成員，因不同時代、國家等因素而有所差異。歐洲中世紀的巴黎大學教師，為與教會、世俗勢力對抗而組成「教師行會」，共同協商決定學校教學、經費等各類事務。巴黎大學內部的神學、醫學等學部的事務管理，也由各學部全體教師結成「行會」性團體，共同協商討論決定課程設置、教師聘用等相關事務。英國的牛津、劍橋大學繼承和發揚了巴黎大學的傳統，牛津設有教職員全體會議，劍橋也設有所有教師參加的評議院。隨著學校規模的擴大，教師數量的增多，為提高議事效率，代議制民主的方式成為一種趨勢。英國大學普遍設有評議會（或校務委員會）等組織，由教師推選的代表和院長、校長等組成，協商處理學校日常事務管理，教授因其聲望、學術水平之地位，一般在推選的代表中居於多數。德國大學則表現為「正教授治校」，教授會（也稱大評議會）成員主要由全體正教授組成，其他副教授、講師無權參加；學術評議會議（也稱小評議會）及各學部的部務委員會中，則允許副教授、講師等低銜教師參加。〔註82〕美國大學「教授治校」的權力主體則相對公平，正教授、副教授和講師均有權參加教授會、評議會等組織，參與學校事務的決策管理。

第二，治校方式由教師「獨立」治校向「參與式」治校轉變。通過分析西方大學「教授治校」的源流演進，可以看出中世紀大學是由教師群體「獨立」執掌大學一切事務，這也與學校規模結構簡單，基本沒有行政職員有關。隨著社會經濟和高等教育事業的不斷發展，大學內部組織結構日益複雜化，人員日益增多，以校長為首的行政體系的影響力逐漸增強。教師群體「獨立」治理大學的方式逐漸轉向調整，更多體現為「參與式」方式，與行政人員共同治校，這在美國大學表現的尤為明顯，歐洲大陸國家的大學也存在這種趨向。但我們也應看到，歐美大學的校長多由教授等教職員推選產生，而非由政府直接任命，如「德國大學學長、校長均每年一換，由教授會公舉，校長且由神學、醫學、法學、哲學四科之教授輪值，從未生過糾紛，完全是教授治校的成績」。〔註83〕英國大學的校長則多為榮譽職位，學校行政事宜由各院院長選出的副校長具體負責。美國大學校長雖然由董事會任命與罷免，但人選標準和遴選程序有嚴格要求，並非由董事會直接決定，而是由教授、職員、學生、校

〔註82〕（加）約翰・范德格拉夫等編：《學術權力——七國高等教育管理體制比較》，王承緒等譯，浙江教育出版社，2001年，第23～24頁。
〔註83〕蔡元培：《我在北京大學的經歷》，《東方雜誌》第31卷第1期，1934年1月1日，第11～12頁。

友等代表組成遴選委員會，推薦和選擇候選人，董事會再作出任命決定。除校長由選舉產生外，歐美大學的院系領導，如院長、系主任等，也主要由各院系全體教師選舉產生，校院系負責人由選舉產生，亦能較好地維護教師等選舉者的權益，這也是教師參與治校的一種體現。

第三，治校範圍的重點集中在學術事務領域。大學的內部事務一般劃分為學術事務和行政事務兩類。無論是歐洲中世紀大學，還是歐美現代大學及中國近代大學，在推行「教授治校」的過程中，教師對學校的管理均首先體現在學術事務，如教學政策的規劃制訂、課程設置、學生招生、教師聘任等。教授作為學術研究人員，熟悉身邊的教學科研工作，在學術事務管理上也有其自身優勢。當然，歐洲大陸國家的大學與美國大學在治校範圍上也存在一定的差異。歐陸國家的大學受傳統中世紀「行會自治」思想的影響較深，教授治校的範圍較為廣泛。除了學術事務之外，其他行政事務也在教授的治校範圍之內，如教育經費的分配使用、非教學人員的聘用等。美國大學教授治校的範圍，則主要集中在對學術事務的決策管理上，在非學術事務的管理中也有發言權。從下文「教授治校」運作模式的分析中也可以看出。

（一）「教授治校」的主要模式及組織機制

模式（Model）是指某種事物的標準樣式，或指作為範本、模本、變本的式樣。〔註84〕基於西方國家不同的歷史傳統、文化背景及大學組織結構和學術運作方式的差異，「教授治校」的運作模式，可分為歐洲大陸（以下簡稱「歐陸」）模式和英美模式，〔註85〕世界上其他國家（包括中國、日本）也主要是在移植借鑒這兩種模式的基礎上，再逐步形成自己的特色。

1934 年，教育部中國教育年鑒編審委員會主編的《教育年鑒》中，就明確將歐美教育分為兩派，「英美代表一派，法德代表另一派」。〔註86〕蔡元培對歐美各國大學的行政自由程度也曾作過闡述，從中亦可看出其間差異：

> 大學行政自由之程度，各國不同。法國教育權，集中於政府，
> 大學皆國立，校長由政府任命之。英美各國，大學多私立，經濟權
> 操於董事會，校長由董事會延聘之。德國各大學，或國立、或市立，

〔註84〕吳畏主編：《中國教育管理精覽（二）》，警官教育出版社，1998 年，第 377 頁。
〔註85〕一些學者也將歐美大學「教授治校」的運作模式，劃分為三種，即歐洲大陸模式、英國模式和美國模式，可參閱緒論部分對研究現狀的評述一節。
〔註86〕教育部中國教育年鑒編審委員會編：《第一次中國教育年鑒》戊編（教育雜錄），開明書店，1934 年，第 450 頁。

而其行政權集中於大學之評議會。評議會由校長、大學法官、各科學長、與一部分教授組成之。校長及學長，由評議會選舉，一年一任。凡願任大學教員者，於畢業大學而得博士學位後，繼續研究，提出論文，經專門教授認可後，復在教授會受各有關係學科諸教授之質問，皆通過，又為公開講演一次，始得為講師。〔註87〕

蔡元培對英、美、德、法等國大學教育的特點作了較為客觀的分析，並著力推崇和介紹了德國大學由評議會、教授會主導管理的治校模式；同時也指出了英美兩國大學多設有掌握經濟大權的董事會的共同點，而德法兩國大學行政自由度則較為接近。王寵惠對英美德法四國大學教育也作過比較，他認為：「英美德法四國大學之教育，大率英美則力求實用，而德法則精研理論。」〔註88〕也是將英美歸為一類，德法視為同一類。

1. 歐陸模式及其組織機制

組織機制是指組織管理系統的結構及其運行機理，其本質是組織系統的內在聯繫、功能及運行原理。〔註89〕歐陸模式繼承了歐洲中世紀大學「教授治校」的傳統，體現了一種「學者行會」的自治風範。基本特徵表現為教授掌握大學全部的決策權（包括學術權力和行政權力），對大學進行「集體統治」。〔註90〕教授群體依託評議會、教授會等組織，參與學校事務的決策管理；教授個人（尤其是講座教授）在學科和專業領域也擁有很大特權。

歐陸模式以法國、德國等國大學為典型代表，大學內部組織結構一般為「講座──學部──大學」三個層級。在歐洲大陸國家，講座、研究所是大學最基本的教學研究單位，也是體現「教授治校」的重要基礎，被視為「規模小和高度自治的自給自足的學術生產單位」。〔註91〕被聘為講座教授者，主持一個講座或研究所（一般都有相應的教學研究人員、設備和經費等），擁有對教

〔註87〕 蔡元培：《大學教育》（1930 年），高平叔編：《蔡元培教育論著選》，人民教育出版社，2017 年，第 606 頁。

〔註88〕 王寵惠：《英美德法大學教育之比較》，《中華教育界》第 20 期，1914 年 8 月，第 1 頁。

〔註89〕 李鳴華：《教師專業發展新思路：大學與中小學信息化合作模式研究》，浙江工商大學出版社，2017 年，第 219 頁。

〔註90〕 （加）約翰·范德格拉夫等編：《學術權力──七國高等教育管理體制比較》，王承緒等譯，浙江教育出版社，2001 年，第 199 頁。

〔註91〕 （美）伯頓·克拉克：《探究的場所──現代大學的科研和研究生教育》，浙江教育出版社，王承緒等譯，2001 年，第 30 頁。

學科研、招生、人事和財務等方面的絕對權力，猶如一「獨立王國」。如講座
教授可以自主聘用其他研究人員，自由選擇研究方向、課題和教學方式；教育
部劃撥的教育經費也由其獨立分配使用，而不受上級學部或學校的一級的限
制，「各講座教授集體控制著院校內部的管理和財政預算，以及使用撥款……
沒有各講座教授的同意，大學不能控制經費的分配或再分配」。〔註92〕

講座之上的層級為學部，是歐洲大學的傳統層次，由全體教授和部分非教
授教師組成的教授會控制，德國大學裏也稱為「部務委員會」（inner faculty）。
教授會除負責學生課程安排、招生考試和學位授予事宜外，還負責向教育部
推薦空缺講座職位的候選人和教授備選資格獲得者。學部主任也由教授會選
舉產生，負責處理學部的日常行政事務，權力十分有限。可見，學部實際上由
教授會控制，再在正教授中選舉出榮譽性質的負責人。〔註93〕

學部之上是大學一級，由評議會（亦稱小評議會）負責決策學校事務。評
議會由各學部主任和各學部推選的教授代表組成，有時也邀請助教或學生代
表參加，審議有關大學辦學的重要事項，制定學校章程及規則（如學位授予
規定、教授資格評定規定等）。〔註94〕此外，德國多數大學還設立由全體教授
和其他教學人員代表組成的大評議會（亦稱校務委員會），〔註95〕主要負責選
舉校長和評議學校規章制度。

歐陸模式中的「教授治校」將個人權力（講座制）和團體權力（評議會、
教授會）緊密結合在一起，形成了大學管理中獨具特色的學術權力。與下文的
英美模式相比，「德國的公立高等學校，評議會擁有學術權力和行政權力，決策
學校的重大事務，並不像美國那樣行政事務和學術事務分由不同的權力系統決
策」。〔註96〕整體而言，歐洲大學中的每位教授都擁有自己的學術領域，並依
靠講座制和學術權威進行教學科研和管理，權力較大；教授群體又結成一個平
等協商的評議會、教授會等組織機構，參與整個學校事務的決策和管理。

〔註92〕（美）伯頓·克拉克：《高等教育系統——學術組織的跨國研究》，杭州大學出
　　　　版社，王承緒等譯，1994年，第139頁。
〔註93〕（加）約翰·范德格拉夫：《學術權力——七國高等教育管理體制比較》，王承
　　　　緒等譯，浙江教育出版社，2001年，第5頁。
〔註94〕單中惠主編：《外國大學教育問題史》，山東教育出版社，2006年，第269頁。
〔註95〕張德祥：《高等學校的學術權力與行政權力》，南京師範大學出版社，2002年，
　　　　第121頁。
〔註96〕潘懋元主編：《多學科觀點的高等教育研究》，上海教育出版社，2001年，第
　　　　298頁。

2. 英美模式及其組織機制

英美模式的基本特徵表現為由校外董事和大學教授共同執掌大學決策權力，是一種「教授行會與院校董事及行政管理人員的適度影響結合起來的模式」，〔註97〕校外人士組成的董事會（或理事會）享有部分行政管理權，制定學校的大政方針和資源分配原則；由教師組成的評議會負責學術事務，行使學術管理權力，本質上體現的是教師民主參與管理的治理模式。

英國、美國大學的內部結構一般分為「學系—學院—大學」三個層級，各層級皆建立有教師參與決策管理的組織平臺，從而建構起「教授治校」的組織機制。依據學科門類建立起來的學系，是英美大學中基層的學術組織。與歐洲大學中「講座教授對大學學術事務強有力的控制權」相比，英美大學在基層體現了一種相對平等主義的特點，講師等「低銜教師享有較大的獨立性和參與權」。〔註98〕各學系教授會，由本系正教授、副教授、講師等組成。學系的教學改革、教師評聘、課程設置等事務均由系教授會或相關專門委員會決定，專門委員會一般由四至六位教授組成。系主任為學系的學術行政負責人，也由教授會推選產生。〔註99〕

在學院一級，各學院均有若干個教授會，學院的教學政策、人事安排、學位授予等事務，由院長及教授會負責。學院的學術政策、規劃的制定，預算經費、教師聘任等，則主要由教授會審議決定。〔註100〕由此在學院層級形成以院長為代表的行政權力，與以教師為代表的學術權力「共治」交織的格局。雙方分工合作，互相監督制衡，院長等行政人員負責行政事務，教授會決策學術事務，具有比較獨立的地位。

在大學層級，英美大學的組織機制比歐陸國家相對複雜，主要分為三部分：一為由校外人士組成的董事會，二為以校長為首的行政體系，三為以教授為主體的評議會或教授會。英國大學頗深受校外人士的影響，校外人士在大學董事會、校務委員會和理事會中均佔有很大比例。1870 年，自英國曼徹斯

〔註97〕（加）約翰·范德格拉夫等編：《學術權力——七國高等教育管理體制比較》，王承緒等譯，浙江教育出版社，2001 年，第 201 頁。

〔註98〕別敦榮：《中美大學學術管理》，華中理工大學出版社，2000 年，第 69 頁。

〔註99〕董兆偉等：《中美高等職業教育內部治理機制比較研究》，河北人民出版社，2016 年，第 22 頁。

〔註100〕葛春霞：《美國大學教授治校的理論與實踐研究》，山東師範大學碩士學位論文，2009 年，第 13 頁。

特歐文斯學院創立了一個實質上由校外人士和本校學者共同參與管理的現代模式後，該模式很快成為英國大學的一種典範。除牛津和劍橋兩所大學外，大部分院校倣仿了這一模式。〔註101〕美國哈佛大學校長 Charles W.Eliot 也指出「美國管理大學之最要機關，普通稱為董事部。私立大學之董事往往任期終身；公立者，任期有限而有繼任之權。董事人數有少至七人或九人者，有多至二十人至四十人者。」〔註102〕迄今為止在美國 3000 多所高校中就有近 2000多所設有獨立的董事會，其運行機制也在政府、大學和市場（社會）三方博弈中構建了相互制衡和相互促進的模式。〔註103〕

在英美大學「教授治校」的治理體系中，董事會重點負責管理學校財政和資產，宏觀把握學校的發展方向及與社會的互動關係，並主持選聘校長。很少干涉學校內部日常教學管理工作，而是將行政管理權授予校長等行政職員，學術權力讓渡給教師。以校長為首的行政體系負責處理日常的行政事務，如招生、檔案和圖書管理等。學術事務管理則由教師組成的評議會（或稱作教授會）負責，如學校的各項方針政策、學科課程計劃、院系教學組織的設立、招生錄取標準和學位標準、規定校內各種設施（包括教室與實驗室）的使用等。此外，教師與科研人員的聘任、晉升和考核，及相應的人事政策，也由評議會負責。〔註104〕

綜上所述，無論是歐陸模式，還是英美模式的「教授治校」組織運作機制，教授等學術人員之地位和權力結構配置方面，均存在一定的「共性」。

其一，歐美大學基層的學術、行政管理事務，大多集中在教授群體的權力控制之下，以教授為代表的學術群體，在大學的基層建制中佔據著主導地位，這在以德國、法國為代表的歐陸模式中，表現得尤為明顯。其二，在兼具學術和管理功能的學院或學部等中間層級，教授主要通過兩種途徑發揮自身作用。一是主導由教授、副教授等教員組成的教授會，發揮其在學院各類事務決策管理中的實質性作用。二是通過選舉學院院長、學部主任或教授會主席等管

〔註101〕 （加）約翰·范德格拉夫：《學術權力——七國高等教育管理體制比較》，王承緒等譯，浙江教育出版社，2001 年，第 93 頁。
〔註102〕 （美）Charles W. Eliot 著，何炳松譯：《美國大學董事部》，《新教育》第 3 卷第 3 期，1911 年 3 月，第 375 頁。
〔註103〕 郭為祿、林炊利：《大學運行模式再造——大學內部決策系統改革的路徑選擇》，上海教育出版社，2012 年，第 82 頁。
〔註104〕 單中惠主編：《外國大學教育問題史》，山東教育出版社，2006 年，第 268 頁。

理者，發揮教授在學院中的影響力。其三，在代表組織政體的大學層級中，教授群體在歐陸模式（如德國、法國）的大學中，依託評議會等機構，在校一級事務（學術和非學術性事務）的決策管理中佔據主導地位，校長也由其選舉產生。美國大學基於學術—行政二元化的權力分配格局，教授群體的「治校範圍」相對狹窄，主要對學術事務進行決策管理；但可以通過民主管理機制或非正式性的制度安排，對學術之外的其他事務決策發揮重要影響。

第二節 「教授治校」制度理念的傳入與萌芽

中國近代教育的產生、發展大致經歷了由「中學體用」到「中體西用」再到「西學體用」的過程，〔註105〕梅貽琦在《大學一解》中也明確指出：「今日中國之大學教育，溯其源流，實自西洋移植而來。」〔註106〕中國近代大學是西學東漸的產物，不是從內部自然生成的。作為西方大學傳統治理模式的「教授治校」亦在此背景下隨之傳入。關於「教授治校」制度理念何時傳入中國，目前學界尚無明確定論，但筆者以為，其傳入、引進之背景與清末新式教育改革密切相關，大致在京師大學堂創辦前後，在一些文獻中已有明確記載。傳入途徑主要有兩條，即在華傳教士對西方教育制度的介紹和國人的自發引入。

一、傳教士對西方教育制度的傳播

鴉片戰爭之後，逐漸形成「先進西洋，落後中國」的基本格局。〔註107〕西方列強用大炮和兵艦轟開了中國的大門，「泰西諸國之相逼，中國數千年來未有之變局也。」〔註108〕近代中國面臨著被西方列強蠶食和瓜分的民族危機，「西方科學和發明漸漸流傳到東方，先是涓涓滴滴地流注，接著匯為川流江濤，最後成為排山倒海的狂潮巨浪，泛濫整個東方，而且幾乎把中國沖塌了。」〔註109〕中國的社會、政治、經濟和文化均發生著前所未有的劇烈變化。

在清政府與列強簽訂不平等條約的保護之下，一批傳教士相繼來華，「各

〔註105〕王杰主編：《學府史論》，天津大學出版社，1999年，第15頁。

〔註106〕梅貽琦：《大學一解》（1941年4月），王學珍、張萬倉編：《北京高等教育文獻資料選編（1861～1948）》，首都師範大學出版社，2004年，第802頁。

〔註107〕（日）大冢豐：《現代中國高等教育的形成》，黃福濤譯，北京師範大學出版社，1998年，第5頁。

〔註108〕梁啟超：《戊戌政變記（外一種）》，上海古籍出版社，2014年，第109頁。

〔註109〕蔣夢麟：《西潮·新潮：蔣夢麟回憶錄》，新星出版社，2016年，第11～12頁。

派教會在國內事業頗多，尤注意教育」。〔註 110〕有的入職清末創辦的新式學堂，承擔翻譯介紹西方教育制度的工作，編寫出版了一批有影響的著作；有些傳教士則親自參與創辦了一批教會學校，「西方學術與教育制度，亦於以東漸」。〔註 111〕

　　1873 年，德國傳教士花之安（E. Faber）撰寫了《德國學校論略》一書，系統介紹了德國等西方國家的學校教育制度，梁啟超評價此書「分門別類，規模略具」。〔註 112〕書中對相當於德國大學的「太學院」作了如下論述：「此院，乃國中才識兼優，名聞於眾者，方能職膺掌院。凡有志之士，欲博古窮經，皆躬就學。」〔註 113〕言明瞭德國大學由校中教授等「名聞於眾者」，執掌太學院的情形。該書在晚清知識界流傳甚廣，對於瞭解德國大學教學制度、課程設置等方面有重要意義。

　　除了花之安外，1880 年，身為京師同文館總教習的美國傳教士丁韙良（W. A. P. Martin）受總理衙門委託，前往日、英、法、美、德、意、瑞士等七國考察教育，「遇學業新法有補館課者留心採擇，或歸述其事，或登諸載籍，則此行尤為有益館課」。〔註 114〕在走訪考察的基礎上，於 1883 年撰寫出《西學考略》一書，重點介紹了歐美各國大學的教學情況，上呈總理衙門，以為教育事業的改革發展提供參考。1889 年，英國傳教士李提摩太在《萬國公報》上發表《新學》，後整理為單行本《七國興學備要》出版，書中對英、法、德、俄、美、日等國有關學校課程、教學等問題作了介紹，並以初學、中學和上學三個階段予以分述。1896 年，美國傳教士林樂知將日本人森有禮所輯的《美國諸名流振興文學成法》譯為《文學興國策》，介紹了美國的學校制度，並將美國學校教育所奉行的平等主義、民主主義和科學主義的教育理念第一次介紹到中國。〔註 115〕

　　以上傳教士在華出版的介紹近代西方教育的文本，雖未明確提出「教授治校」的相關內容，但將西方大學的教育概況輸入中國。「西人學校之等差、之名號、之章程、之功課，彼士所著《德國學校》《七國新學備要》《文學興國

〔註 110〕梁啟超：《清代學術概論》，四川人民出版社，2018 年，第 132 頁。
〔註 111〕程湘帆：《中國教育行政》，商務印書館，1932 年，第 21 頁。
〔註 112〕梁啟超：《西學書目表》，中國史學會主編：《戊戌變法》第 1 冊，神州國光社，1953 年，第 455 頁。
〔註 113〕田正平主編：《中外教育交流史》，廣東教育出版社，2004 年，第 270 頁。
〔註 114〕（美）丁韙良：《西學考略》，嶽麓書社，2016 年，第 15 頁。
〔註 115〕王建軍：《中國教育史新編》，廣東高等教育出版社，2014 年，第 243 頁。

策》等書，類能言之」。〔註116〕同時西方大學學術自由、民主自治等概念，在這些著作中也均有明確的體現，讓國人對於西方教育有了一定的瞭解，並從中汲取了重要的信息。

二、國人對西方大學制度的初步考察

在西方的衝擊之下，中國有識之士也逐漸認識到教育的重要性，「泰西之所以富強，不在炮械軍兵，而在窮理勸學」。〔註117〕「自強之道，以作育人才為本；求才之道，尤宜以設立學堂為先。」〔註118〕傳統的封建教育已不能適應急遽變遷的社會，作為一種因「失敗而生的深重的思想挫敗感」的回應，新式學堂率先在與西方接觸密切的城市出現，進而又向內地滲透。〔註119〕

19 世紀 60 至 90 年代，曾國藩、李鴻章等部分開明官僚發起洋務運動，創辦了京師同文館、上海廣方言館等培養外交翻譯人才的教育機構，和一批培養軍事、工業技術人才的新式學堂，並派遣幼童留學歐美，開啟了中國近代教育的先河。此時的中國已從以往的「對外影響型」國家迅速轉變為「接受外來影響型」國家。〔註120〕一些有識之士也積極介紹西方教育制度，以推動傳統教育的改革。

早期啟蒙思想家鄭觀應，曾先後在英商寶順洋行、太古輪船公司擔任買辦，並參與洋務企業的運營，對西方政治、教育文化等有較早的接觸和認知。1874 年，鄭觀應在所著的《易言》一書「西學」篇中，對德國的教育制度作了介紹：「泰西各國學校規制大略相同，而布國尤為明備。其學堂自鄉而城、而郡、而都，各有層次……大學院之掌院，必名望出眾、才識兼優者方膺此任。」布國即普魯士王國，並對各層級的學堂及大學院的專業設置、課程等方面作了闡述。〔註121〕

遊學、出使歐洲的國人將其所見所聞記錄成書，這些書中有不少關於西

〔註116〕梁啟超：《梁啟超論教育》，商務印書館，2017 年，第 8 頁。

〔註117〕康有為：《公車上書（節錄「教民」、「開智」部分）》（1895 年），璩鑫圭、童富勇編：《中國近代教育史資料彙編・教育思想》，上海教育出版社，2007 年，第143 頁。

〔註118〕盛承懋：《中國近代實業家盛宣懷》，天津大學出版社，2018 年，第 207 頁。

〔註119〕（美）葉文心：《民國時期大學校園文化（1919～1937）》，馮夏根、胡少誠等譯，北京：中國人民大學出版社，2012 年，第 1 頁。

〔註120〕（日）大冢豐：《現代中國高等教育的形成》，黃福濤譯，北京師範大學出版社，1998 年，第 6 頁。

〔註121〕夏東元編：《鄭觀應集》上冊，上海人民出版社，1982 年，第 201～202 頁。

方教育制度、學校發展的內容。1868 年，王韜應理雅各之邀到牛津大學講演，對牛津大學的概況有所描述：「英之北土曰哈斯佛（即牛津大學），有一大書院，素著名望。四萬來學者，不下千餘人。肄業生悉戴方帽，博袖長衣，雍容文雅。每歲必品第其高下，列優等者，例有賞賚；而頒物之先，必先集於會堂聽講。」〔註 122〕品評優劣高下，賞賚物品等皆通過集會進行，體現了公正民主的一面，以集體討論決定各項事宜，也是「教授治校」基本的決策形式。

作為出使英國欽差大臣的郭嵩燾較為關注西方的學校教育，認為「西洋立國，有本有末。其本在朝延政教，其末在商賈」。〔註 123〕1878 年，郭嵩燾專門參觀了英國各類學校，並在日記中重點對牛津、劍橋兩所大學作了介紹：「英國大學館以阿斯福、堪百里治〔註 124〕二處為最勝」，牛津大學共有 21 個學院，「每住館（指學院）生各一住房、一讀書房，二房相聯，極精潔。所學天文、地理、數學、律法及諸格致之學，皆擇其所藝已成者試之乃得入。各以類設師程督之，率十許人從一師。每學館設學正總理亦謂之尚書；又總設一尚書曰沾西洛爾，歲一更易。」〔註 125〕從郭的日記中可知，牛津大學各學院學生，皆由教師負責監督指導，且各學院院長（學正總理）、副院長（沾西洛爾），一年一改選，改選時由各院教師推選產生，已間接述及英國大學教授參與學院管理、推舉領導等「教授治校」的基本內涵。

三、「教授治校」制度理念的正式引入

甲午中日戰爭中，中國慘敗於「蕞爾島國」日本，臺灣之割、賠款之巨，對於時人而言，是一次前所未有和刻骨銘心的震撼和刺激。誠如梁啟超所言：「吾國四千餘年大夢之喚醒，實自甲午戰敗。」〔註 126〕同時也顯示出在西潮的衝擊之下，近代中國在中西競爭中，物質和文化方面均全面敗退，甲午一役後「基本確立尊西崇新的大勢」。〔註 127〕朝野有識之士深感時局惟艱，人才凋

〔註 122〕 王韜：《漫遊隨錄・扶桑遊記》，湖南人民出版社，1982 年，第 98～99 頁。
〔註 123〕 顧明義：《中國近代外交史略》，吉林文史出版社，1987 年，第 142 頁。
〔註 124〕 阿斯福，即 Oxford（牛津）的音譯；堪百里治，則為 Cambridge（劍橋）的音譯。
〔註 125〕 郭嵩燾：《倫敦與巴黎日記》，嶽麓書社，1984 年，第 376～377 頁。
〔註 126〕 梁啟超：《戊戌政變記》，《梁啟超全集》第 1 冊，北京出版社，1999 年，第 181 頁。
〔註 127〕 羅志田：《裂變中的傳承：20 世紀前期的中國文化與學術》，中華書局，2019 年，第 37 頁。

敝匱乏，逐漸認識到 30 年間開展的洋務運動只是學習到了西藝皮毛，而未得其根本——西方的政治制度和文化。傳統意識形態中的哲學觀、社會觀也開始解體，出現了一系列政治、經濟、教育改革與意識形態認同危機蔓延的互動，知識界對進化觀趨之若鶩。〔註 128〕

（一）「遠法德國，近採日本」教育方針的提出

甲午一役，「國人受此奇辱，知非改良教育不足以固國基，改良教育之聲洋洋盈耳」。〔註 129〕一些有識之士也直接將甲午戰敗的原因，歸於日本教育之先進，「近者日本勝我，亦非其將相兵士能勝我也；其國遍設各學，才藝足用，實能勝我也」。〔註 130〕「教育救國」的觀念逐漸成為清末知識分子的普遍信仰，「朝野上下始知非施行教育不足以圖存」。〔註 131〕

戊戌維新時期，梁啟超提出「變法之本，在育人才；人才之興，在開學校」，〔註 132〕強調育新民、開民智、廢八股，主張學習效法西方教育，以改革傳統教育。鄭觀應在《盛世危言》中也強調：「學校者，造就人才之地，治天下之大本也。」洞見到中外競爭背後教育、人才競爭之重要性。書中還詳細介紹了德、英、法、美、俄、日等六國的學校教育、課程、年限等內容，並極為推崇德國教育，「今泰西各國猶有古風，禮失而求諸野，其信然歟！跡其學校規制，大略相同，而德國尤為明備。」〔註 133〕

正如美國教育家阿特巴赫所說：「19 世紀是世界各國高等教育發生重大變化的世紀，而德國在其中起了帶頭作用。」〔註 134〕19 世紀 70 年代，日本在明治維新時期，推行的教育改革也主要以德國為藍本，「從教育行政主義上說，是近於歐洲大陸之德、法制度」。〔註 135〕戊戌維新時期，康有為在上書

〔註 128〕金觀濤、劉青峰：《開放中的變遷：再論中國社會超穩定結構》，法律出版社，2011 年，第 11 頁。

〔註 129〕郭秉文：《中國教育制度沿革史》，商務印書館，1922 年，第 49 頁。

〔註 130〕康有為：《請開學校摺》（1898 年 6 月），鄭力民編：《康有為集》，廣東人民出版社，2018 年，第 335 頁。

〔註 131〕程湘帆：《中國教育行政》，商務印書館，1932 年，第 22 頁。

〔註 132〕梁啟超：《自立：梁啟超論人生》，九州出版社，2012 年，第 55 頁。

〔註 133〕鄭觀應：《盛世危言》，內蒙古人民出版社，2006 年，第 25 頁。

〔註 134〕陳洪捷：《德國古典大學觀及其對中國大學的影響》，北京大學出版社，2002 年，第 2 頁。

〔註 135〕陳竺同：《近代日本教育之文化史的考察》，《教育雜誌》第 22 卷第 12 期，1930 年 12 月，第 73 頁。

朝廷的《請開學校摺》中，明確提出：「今各國之學，莫精於德；國民之養，亦倡於德。日本同文比鄰，亦可採擇。請遠法德國，近採日本，以定學制。」〔註136〕康有為所提「遠法德國，近採日本」的主張，成為清末推行教育改革重要的指導方針。1901年，劉坤一、張之洞二人在「新政」期間上奏朝廷的奏摺中，也強調：「德之勢最強，而學校之制惟德最詳；日本興最驟，而學校之數在東方之國為最多。」〔註137〕同時，近採日本有諸多便捷之處，不僅距離、文字相近，而且「泰西諸學之書，其精者日人已略譯之矣」，可因其成功而用之，「費不千萬金，而要書畢集矣」。〔註138〕

（二）日、德「教授治校」制度的引入

　　京師大學堂被視為中國近代第一所國立大學，亦是清末維新運動中的一項重要舉措，其餘各省省會所設立的高等學堂，則相當於大學的預科。〔註139〕1898年，康有為、梁啟超等人發起維新變法運動，變革傳統教育體制和科舉制度是其改良的重要方面，京師大學堂得以創立。作為西方大學傳統治理模式的「教授治校」也在此期間被正式引入。

　　在京師大學堂的籌辦過程中，關於章程如何擬定、以何國大學制度為參照成為一時爭論的話題。1898年6月，江南道監察御史李盛鐸上奏清廷，建議：「現在德國、日本學校章程，坊間均有譯刻本，雖細章未備，而大要具存。擬請諭令王大臣酌量仿照辦理，為第一要義。」除了提出仿照德國、日本學校章程外，奏摺中還提議仿傚日本大學，在大學堂設立評議會，「日本大學設有評議會，以各科學長及教授為議員，而大學總長為議長。凡各科廢置，規制變更，皆公議而後定，又授學位有須各員評議而後酌量選授者，似宜傚照辦理。」〔註140〕這可能是最早提及在中國大學設立評議會的文獻，而評議會又是「教授治校」體制中重要的組織機構。故筆者傾向於將李盛鐸的以上提議，作為

〔註136〕康有為：《請開學校摺》（1898年6月），鄭力民：《康有為集》，廣東人民出版社，2018年，第335頁。

〔註137〕劉坤一：《變通政治籌議先務四條摺》（光緒二十七年五月二十七日），《劉坤一集》第3冊，嶽麓書社，2018年，第198頁。

〔註138〕（日）依田憙家：《中日近代化比較研究》，孫志民、翟新編譯，上海三聯書店，1988年，第131頁。

〔註139〕任鴻雋：《國立大學的合理化問題》，樊洪業、張久春選編：《科學救國之夢——任鴻雋文存》，上海科技教育出版社，2002年，第532頁。

〔註140〕《江南道監察御史李盛鐸摺》（1898年6月30日），朱有瓛主編：《中國近代學制史料》第1輯下冊，華東師範大學出版社，1986年，第635頁。

「教授治校」正式引入中國的開端。但遺憾的是，在當時的社會背景下，李盛鐸所提設立評議會的建議缺乏可實施的條件與環境、難以被官方所採納。

《奏擬京師大學堂章程》的擬定和內容有著濃重的取法日本大學的印跡。總理衙門在起草《奏擬京師大學堂章程》之初，便電告駐日公使：「東京大學堂章程希速譯」，以為參照。〔註141〕隨後，總理衙門邀請康有為代為起草大學堂章程，梁啟超受命康有為，於 1898 年 7 月參照歐美、日本等國大學制度，代總理衙門草擬了《奏擬京師大學堂章程》。章程「甚周密，而以大權歸之教習」，〔註142〕集中體現了維新派的教育改革思想。有學者將梁啟超提出的「以大權歸之教習」的主張，視為「教授治校」理念在中國近代大學的最初萌芽。〔註143〕後來梁啟超又繼承和發揚了這一主張，在 1923 年談及清華學校改辦大學後的相關問題時，更進一步強調：「大學的組織應當以『教授團』為主體」，「這教授團在學校中是最主要的團體，校中一切事務都由他們規定，由他們執行」。〔註144〕但管學大臣孫家鼐對《奏擬京師大學堂章程》不甚滿意，作了諸多修改和補充，官本位色彩十分濃厚。〔註145〕

在「遠法德國，近採日本」的指導方針下，清末的教育改革主要參照日本模式，故當時的報刊雜誌刊載譯介日本教育制度的文章也風行一時。1901 年，由羅振玉、王國維主編的《教育世界》〔註146〕雜誌，刊載了翻譯的日本明治

〔註141〕 茅海建：《京師大學堂的初建——論康有為派與孫家鼐派之爭》，《北大史學》第 13 輯，北京大學出版社，2008 年，第 249 頁。

〔註142〕 《附：康有為記章程起草之經過》，王學珍、張萬倉編：《北京高等教育文獻資料選編（1861～1948）》，首都師範大學出版社，2004 年，第 81 頁。

〔註143〕 涂又光認為「梁啟超起草的大學堂章程稿『以大權歸之教習』，就是後來通稱的『教授治校』制度」。參見涂又光：《中國高等教育史論》，河北教育出版社，1997 年，第 261 頁。其他論著中也基本援引涂又光的說法，如王建華：《中國近代大學的形成與發展——大學校長的視角》，《清華大學教育研究》，2000年第 4 期；潘懋元主編：《中國高等教育百年》，廣東高等教育出版社，2003年，第 341 頁。

〔註144〕 冠：《與梁任公談話記》，《清華週刊》第 271 期，1923 年 3 月 1 日，第 19 頁。

〔註145〕 王學珍主編：《北京高等教育史》上冊，中國廣播電視出版社，2010 年，第 137 頁。

〔註146〕 《教育世界》雜誌於 1901 年 5 月在上海創刊，是中國近代最早的教育刊物之一。起初為旬刊，自第 69 期起改為半月刊，設有論說、學理、教授訓練、學制、中外學事等欄目，所刊文章主要介紹歐美、日本各國的教育理論、教育歷史和現狀，至 1908 年 1 月停刊，共出 166 期。參見夏徵農、陳至立主編：《大辭海·中國近現代史卷》，上海辭書出版社，2013 年，第 90 頁。

十九年（1886 年）頒布的《帝國大學令》，對日本大學設立的評議會、教授會等機構的人員構成、職權作了詳細譯介：

第六條　帝國大學設評議會。評議會以各分科大學長及各分科大學教授各一名為會員。帝國大學總長召集評議會，為其議長。

第七條　教授而為評議員者，各分科大學依教授之互選，文部大臣命之。前項評議員以三年為任期，但滿期之後得再選。

第八條　評議會審議左之事項：

第一，各分科大學學科之設置、廢止之件；第二，講座之種類諮詢之件；第三，大學內部之規制，但有發敕令又省令之必要者之建議案；第四，學位授與之件；第五，其他由文部大臣又帝國大學總長諮詢之件。評議會有關高等教育事項，得建議其意見於文部大臣。……

第十四條　各分科大學設教授會，以教授為會員。分科大學長召集教授會，為其議長。

第十五條　教授會審議左之事項：

第一，關於分科大學之學科課程件；第二，學生試驗之件；第三，學位授與資格之審查；第四，其他由文部大臣及帝國大學總長諮詢之件。

第十六條　分科大學長認有必要者，教授之外，得使助教授又屬託講師列席於教授會。

第十七條　各分科大學置講座，使擔任教授。於缺教授時，可使助教授或屬託講師擔任講座。〔註147〕

明治維新後，日本的教育體制主要以德國為參照藍本，《帝國大學令》中的內容也深刻體現了德國大學「教授治校」的制度設計，即以「講座─分科教授會─大學評議會」的結構體制，予以實施，三者之間也並不存在上下級的服從關係。〔註148〕清末頒布的《欽定學堂章程》（1902 年）和《奏定學堂章程》（1904 年）中雖然在多處參照了《帝國大學令》，〔註149〕但在傳統教育官本

〔註147〕《帝國大學令》（明治十九年三月敕令第三號），璩鑫圭、唐良炎編：《中國近代教育史資料彙編·學制演變》，上海教育出版社，2007 年，第 230～231 頁。

〔註148〕胡建華：《比較視野中的高等教育研究》，中國海洋大學出版社，2009 年，第69 頁。

〔註149〕如日本《帝國大學令》規定：「帝國大學以大學院及分科大學構成」，清末制訂的《奏定學堂章程》中僅把大學院改為了通儒院。《帝國大學令》將大學分

位觀念根深蒂固的情況下，對於大學設立評議會、教授會等組織機構的內容，清末制訂的各類學堂章程中並未吸收，而且當時也尚未有教授、講師等教師層級的劃分，大學堂的管理仍主要採用總監督或分科監督等少數人集權管理的模式。

蔡元培被譽為在國內提倡「教授治校」的第一人，〔註150〕他對於清末教育學制多參照日本教育制度的現象持有異議，認為「日本教育界盛行者，為德國海爾伯脫派。且幼稚園創於德人弗羅比爾。而強迫教育之制，亦以德國行之最先」，建議應該追根溯源轉而仿行德國。並決定「自措資費，前往德國，專修文科之學，並研究教育原理，乃彼國現行教育之狀況」，期待「歸國以後，或能效壞流之助於教育界」。〔註151〕蔡元培對當時世界教育形勢的認知大體不差，「19世紀中葉到20世紀20年代，德國在世界科學界及其科學人才培養中佔有絕對優勢，堪稱世界科學的中心」。〔註152〕後來的一些人也繼承了蔡元培的以上觀點，呼籲中國「急宜研究德國教育」，認為「今日吾國教育之現象，日益萎靡。前數年蓬勃氣象，今將黯消歇」，究其原因是教育「所師之誤」，建議「吾國教育最宜取者，莫如德意志」。〔註153〕

1907年，蔡元培在駐德公使孫寶琦的幫助下前往德國留學，先在柏林大學旁聽，後轉入萊比錫大學哲學系求學，歷時三年。〔註154〕親身體驗到了德

為六科，即文科、理科、工科、醫科、農科、法科（含商科），《奏定學堂章程》中僅把商科單設，另立經科大學。參見田正平：《調適與轉型：傳統教育變革的重構與想像》，人民教育出版社，2016年，第361頁。

〔註150〕隱隱：《范源濂倡議教授治校之由來》，《申報》，1925年9月18日，第7版。其他著作中，如樑柱的《蔡元培與北京大學》（北京大學出版社，1996年，第42頁），蘇雲峰的《從清華學堂到清華大學（1911～1929）》（生活·讀書·新知三聯書店，2001年，第68頁），也均將蔡元培作為教授治校的「首倡者」。

〔註151〕蔡元培：《為自費遊學德國請學部給予咨文呈》，中國蔡元培研究會編：《蔡元培全集》第1卷，浙江教育出版社，1997年，第452頁。

〔註152〕陳洪捷：《德國古典大學觀及其對中國大學的影響》，北京大學出版社，2002年，第2頁。

〔註153〕非非：《論我國今日急宜研究德國教育》，《龍門雜誌》第2期，1910年3月，第1頁。

〔註154〕依據萊比錫大學校長辦公室檔案藏的學生名冊中入學註冊的時間記載，蔡元培註冊時間為1908年10月15日，獲得畢業證書時間為1911年11月4日。在蔡元培留學萊比錫大學期間，學習重點是哲學史、心理學、德國文化史、比較文明史、美術史、美學與文學史。參見（民主德國）費路（Roland Felber）：《蔡元培在德國萊比錫大學》，蔡元培研究會編：《論蔡元培》，旅遊教育出版社，1989年，第460～461頁。

國大學在教學科研方面的學術自由，並對洪堡的教育改革理念、德國大學的組織結構等方面十分欣賞。受此影響，蔡元培在大學管理上，極為推崇德國大學的治理模式，認為「歐洲各國高等教育之編制，以德意志為最善」。〔註155〕並將德國大學「教授治校」的管理模式也引入中國。

　　1910 年，身處海外的蔡元培將柏林大學教授巴留岑（今譯包爾生）所著《德意志大學》總論的部分內容翻譯成中文，並以《德意志大學之特色》為題發表在國內的《教育雜誌》上。文中提到：「德國大學，由政府設立維持，而亦由政府監督之，與法國同。惟舊時團體之性質，尚有存者，故其自治力亦未盡泯，全校職員之選舉，屬於其權限之內，故學長及評議員部長等皆自行選舉，於教授之任免，尤有非常之勢力，授與博士之學位，選任無薪之教授，亦由大學決定，政府又付以選任各種講師之權。故德國大學，於普通之組織，獨能保存最初之形式焉。」〔註156〕可見，德國大學雖由政府扶植、監督，但自身擁有較強的自治力，各科學長、評議會會員等皆由教授自行選舉產生，教授、講師等人員的聘任去職，學校的日常管理，也由以教授為主體的評議會、各科教授會等機構決定。自此，德國大學「教授治校」制度理念開始進入國內教育界的視野。

　　此外，1911 年，何炳松翻譯了美國哈佛大學校長 Charles W. Eliot 所著的《美國大學教員團》，介紹了美國大學教員團（相當於教授會）的情況。「大學教員團者，決定大學教育政策之最要團體也」，美國大學通常依據學科性質，設有五科教員團，即「文理科教員團，神學科教員團，法律科教員團，醫學科教員團，及應用科學教員團」。文中還提到了美國大學的教職員會議，其成員為「助教授、副教授及正教授，與任期無限之教員」。〔註157〕這些介紹歐美大學教育制度的文章，進一步推動了「教授治校」制度理念在中國的傳播。

四、「教授治校」在清末學堂的萌芽

　　清代道光年間由兩廣總督阮元創建的著名書院──學海堂，在管理體制方

〔註155〕　蔡元培：《大學改制之事實及理由》，《新青年》第 3 卷第 6 期，1917 年 8 月
　　　　　1 日，第 25 頁。
〔註156〕　（德）巴留岑著，蔡元培譯：《德意志大學之特色》，《教育雜誌》第 2 卷第 11
　　　　　期，1910 年 11 月，第 91～92 頁。
〔註157〕　（美）Charles W. Eliot 著，何炳松譯：《美國大學教員團》，《新教育》第 3 卷
　　　　　第 3 期，1911 年 3 月，第 386～379 頁。

面與傳統書院相比有諸多突破和創新之處，不設山長（類似於校長），只設學長（類似於首席教授），由學長輪流代行山長職責，在當時的官辦學堂書院中獨樹一幟，此種「學長制」的治校模式某種程度上與「教授治校」異曲同工。

阮元親手擬定的《學海堂章程》中明確規定，學海堂不設山長，實行「八學長制」：「管理學海堂，本部堂酌派出學長吳蘭修、趙均、林伯桐、曾釗、徐榮、熊景星、馬福安、吳應逵共八人，同司課事。其有出仕等事，再由七人公舉補額，永不設立山長，亦不允薦山長……不使人居之以為利」，以保證學長各用所長，協力啟導，士子兼賅眾體，一脈相承。規定每年考試四次，由學長出經解文筆古今詩題，限日截卷，評定甲乙等第，分別發給膏火。〔註158〕可見，學堂的教學管理皆由學長負責，而且對於新學長的遴選亦十分嚴格，由眾學長嚴格把關、公舉產生，「向來公舉學長，固推文學，尤重鄉評。至專課肄業生已設，堂中公議，選定已極嚴，擬補學長當倍慎。嗣後保舉學長，先求素行無玷，然後論其人才，永不更改，以符舊約。」〔註159〕這種創新的教學管理制度，培養了一批經世致用的人才，推動了廣東地區學術教育的發展與變革。

學海堂之所以能形成「學長制」的治校模式，主要是因為規模小，易於管理。學海堂第一屆招生僅10人，後來每屆招生在10～20人之間，如此少的人數，配8個學長，與如今的導師制研究生教學相差無幾。學生人數比較少，相應的各類教學管理事務必然隨之減少。另外各學長輪流當家，代行山長職責，基本不影響他們各自的學術發展。而且作為官辦書院，學海堂背後有官府支撐，相關的各種事務也易於打點。這種不設山長，「學長制」的治校模式實際上形成了一個小型教授會，也從根本上杜絕了行政對學術的影響，從而營造一個比較寬鬆平和的教學研究環境，各自也能圍繞自身專長構建學科學術自治，讓書院專心於學術建設，培育人才。〔註160〕

甲午戰後，「舉國上下都以圖強為務，西學之風盛極一時」。〔註161〕在1895

〔註158〕阮元：《學海堂章程》，鄧洪波主編：《中國書院學規集成》第三卷，中西書局，2011年，第1289頁。

〔註159〕古公愚：《學海堂述略》，陳谷嘉、鄧洪波主編：《中國書院史資料》中冊，浙江教育出版社，1998年，第1408頁。

〔註160〕潘華：《論學海堂「學長制」教學管理模式》，《吉林師範大學學報》（人文社會科學版），2023年第6期。

〔註161〕舒新城：《近代中國留學史·近代中國教育思想史》，商務印書館，2017年，第248頁。

至 1899 年間，創辦的新式學堂達 100 餘所，其中普通學堂占 84 所，〔註 162〕
教育學制改革逐漸成為朝野共識。清末創辦學堂的先驅們在制訂章程時，主
要是參照日本學校教育的規章制度而定，而日本的教育制度在明治維新後又
以參照德國為主，〔註 163〕實際仍源流於西方。西方大學教授參與校政管理的
做法亦較早地為這些學堂創辦者所注意，並在制定的學堂章程中有所體現，
「教授治校」的理念也在清末新式學堂中開始萌芽。

　　1897 年 9 月，張元濟聯合夏偕復、陳懋鼎、土儀通等人奏請創辦通藝學
堂，以「講求文字術藝之學」，〔註 164〕並專門制定了《通藝學堂章程》，有學
者將這一章程視為中國近代最早的評議會制度規章。〔註 165〕而評議會則是
「教授治校」的核心組織之一。

　　依據章程，通藝學堂在內部管理方面，設學董一人，負責學堂的學術事
務，「主延聘教習、督察功課、核定章程及指導一切應辦事宜」；設堂董一人負
責行政性事務，「主聘用司事、管理度支及辦理一切事務」；同時還設有副董二
人，議事四人，司事一人，各人員分工明確。學董、堂董、議事等人員皆由民
主推選產生，「學董、堂董由議事及同學公推，副董由堂董遴請。非在堂肄業
者不得與選」；「議事由同學公推。非在堂肄業半年者不得與選。」另外，在
「議事」一章中對議事會議的流程、規則有詳細規定，初見評議會之雛形。而
評議會則是「教授治校」制度體制中最為重要的組織機構。

　　堂中有應議事務，重要者歸專議，尋常者歸匯議，「匯議於冬、夏散學期前
舉行。專議由堂董定期，亦勿得占奪功課時刻」。教員中如想對學堂事務提出建

〔註 162〕桑兵：《歷史的本色：晚清民國的政治、社會和文化》，廣西師範大學出版社，
　　　　2016 年，第 36 頁。
〔註 163〕明治維新後，日本政府在 1886 年頒布的《帝國大學令》，以及其後制定的《高
　　　　等學校令》（1918 年）和修訂的《大學令》（1918 年），「日本大學採用了德國
　　　　式的教授行會模式，大學的行政力量較為弱小，行政權力集中在教育行政部
　　　　門」。第二次世界大戰後，日本的大學雖然在借鑑美國經驗的基礎上做了較
　　　　大改造，但「國立大學仍然秉持著教授治校的歷史傳統，評議會、教授會行
　　　　使著國立大學重大事項的決策權」。
　　　　參見湛中樂主編：《高校行政權力與學術權力運行機制研究》，北京大學出版
　　　　社，2018 年，第 64～65 頁。
〔註 164〕《刑部主事張元濟等呈請設立通藝學堂文》（1897 年 9 月 20 日），陳學恂主
　　　　編：《中國近代教育史教學參考資料》上冊，人民教育出版社，1986 年，第 383
　　　　頁。
〔註 165〕蔡磊砢：《中國近代評議會制度與三種教育管理模式》，《清華大學教育研究》，
　　　　2015 年第 2 期，第 91 頁。

議,可以實名製「條陳事件」,堂中還「設立登聞篋一具,凡堂中大小事宜」,「見有不便施行者,均可隨時條陳,詳書片紙,投之篋中,每晚由司事啟篋交堂董,即行批答」,遇有難以批答者,則「集議」討論決定。章程還對開會議事的條件、程序作了說明:「會議之日,辦事人、議事人及建議人必須齊集議所(至少亦須到者有半,方能開議)。堂董出所議事,建議人先自演說,餘眾依次論斷,書記筆之,以待核定。」而且議決的事項,必須依循少數服從多數的民主原則決定,「凡事之准駁,依三占二之例。其可否均者,由堂董定見。然必須將准駁之故逐一指明。」〔註166〕可見,《通藝學堂章程》中規定的諸多內容體現了較強的民主性,類似於評議會制度的章程,學堂章程「議事」一項的規定也已具有評議會的雛形。但在戊戌政變後,張元濟被革職查辦,永不敘用,通藝學堂也宣告停辦。張元濟「把校產造冊交給京師大學堂」,〔註167〕後起的京師大學堂在一定程度上也繼承了通藝學堂中的「議事」原則,設立了會議所。

京師大學堂在戊戌政變後雖得以保留,但在 1900 年八國聯軍入侵北京時被迫暫時停辦。庚子事變之後,清政府於 1901 年宣布推行新政,力圖在軍事、官制、商業、教育和社會等方面進行系統性變革。在教育方面,諭令「除京師已設大學堂應行切實整頓外,著各省所有書院,於省城均改設大學堂,各府及直隸州均改設中學堂」。〔註168〕以此為契機,全國各地掀起了一股興辦學堂的浪潮。〔註169〕新的學校體制於 1902～1904 年間逐步建立起來,「參照的樣本是在現代化的西方發展起來而後又傳到日本的體制」。〔註170〕京師大學堂也在 1902 年經過整頓後得以恢復,吏部尚書張百熙出任管學大臣,負責大學堂一切事宜和管轄全國各學堂,聘請吳汝綸、辜鴻銘為正副總教習,京師

〔註166〕 張元濟:《通藝學堂章程》,《張元濟全集》第 5 卷,商務印書館,2008 年,第 5、9 頁。

〔註167〕 張元濟:《讀史閱世》,北京聯合出版公司,2012 年,第 111 頁。

〔註168〕 《光緒二十七年八月初二日諭於各省、府、直隸州及各州、縣分別將書院改設大、中、小學堂》,璩鑫圭、唐良炎編:《中國近代教育史資料彙編·學制演變》,上海教育出版社,2007 年,第 7 頁。

〔註169〕 新近研究表明:在 1904 年以前,官辦學堂占絕對優勢,當時全國總堂數為 4222 所,其中官辦學堂 3605 所,占 85%,公立學堂 393 所,占 9%,私立學堂 224 所,占 6%。自 1905 年開始,「公私立學堂一躍而上,特別是公立學堂,一般占總數的三分之二」。參見金觀濤、劉青峰:《開放中的變遷:再論中國社會超穩定結構》,法律出版社,2011 年,第 122～123 頁。

〔註170〕 (美)吉爾伯特·羅茲曼主編:《中國的現代化》,國家社會科學基金「比較現代化」課題組譯,江蘇人民出版社,2010 年,第 359 頁。

同文館也併入大學堂。

清政府在教育領域積極推動學制改革。1902 年 8 月，張百熙主持擬定了一系列學堂章程，進呈朝廷獲得通過，統稱為《欽定學堂章程》，〔註171〕因該年為壬寅年，故又稱「壬寅學制」，是頒行的第一個全國性的學制系統，新式教育也由無序發展走向系統化、規範化階段。其中《欽定京師大學堂章程》對於大學堂的管理作了規定，大學堂設總辦一人，副總辦二人，「以總理全學一切事宜，隨事稟承管學大臣辦理」；另設總教習一人，「主持一切教育事宜」，副總教習二人，「佐總教習以行教法，並分別稽查中外各教習及各學生功課」。〔註172〕總辦主管學校行政事務，總教習也掌握著學校部分事務的管理權，主持教學事務，已體現出行政、學術分權的一面。但普通教員尚未有參與學校管理之權，也未見設置民主議事性質的會議機構。不過「壬寅學制」因制訂過於急促，加上自身存在若干不足及清廷內部的權力競逐，尚未施行既被廢止。

1904 年，清政府又指派張百熙會同張之洞等人重新修訂學堂章程，頒布了《奏定學堂章程》，又稱「癸卯學制」，確立了現代化的學制系統與中央教育行政體系，「是為我國新教育制度及第一次學校系統成立之日」。〔註173〕其中頒布的《奏定高等學堂章程》中明確提出設立「教務長」一職，「以教員之中有品望、明教科理法者」充任，職責是負責學堂的教務工作，「各學科課程、各教員教法及各學生學業勤惰優劣」，並且下設正副教員具體主持各項學科的教學工作。〔註174〕可以看出在清末教育改革中已經開始嘗試將學堂的教務、庶務等部分行政工作的權力交給有學識的教員專門負責。而《奏定大學堂章程》在管理體制上也有很大改進，首次以法規形式規定大學堂內設立「會議所」，准許普通教員參與大學堂校政管理事宜。

《奏定大學堂章程》中規定在堂內設會議所，實行教員會議制度，明確了教員在學校重大問題決策方面的參與權，初具近代大學評議會的基本輪廓。章程中規定在校級層面設立學堂會議所，職權範圍為：「凡大學堂各學科有增減更改之事，各教員次序及增減之事，通儒院畢業獎勵等差之事，或學務大臣

〔註171〕《張百熙：進呈學堂章程摺》（1902 年 8 月 15 日），璩鑫圭、唐良炎編：《中國近代教育史資料彙編‧學制演變》，上海教育出版社，2007 年，第 242 頁。
〔註172〕《欽定京師大學堂章程》（1902 年），張百熙：《張百熙集》，嶽麓書社，2008 年，第 130～131 頁。
〔註173〕程湘帆：《中國教育行政》，商務印書館，1932 年，第 23 頁。
〔註174〕舒新城：《中國近代教育史資料》，人民教育出版社，1981 年，第 571 頁。

及總監督有諮詢之事」，涵蓋了學校重要的事務；成員「由總監督邀集分科監督、教務提調、正副教員、監學公同核議，由總監督定議」。就其職權範圍而言，學堂會議所與 1912 年《大學令》中評議會的權限已十分接近。

圖 1-1　《奏定大學堂章程》中大學堂的內部結構圖

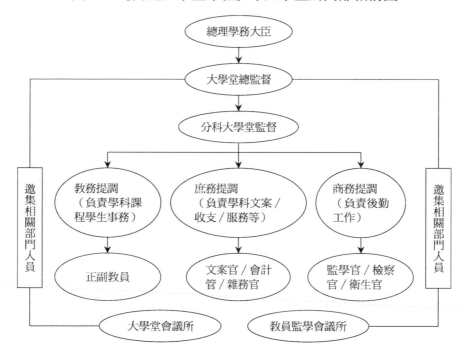

除了在「校級」設立大學堂會議所外，章程中還規定在各分科大學設立教員監學會議所，「凡分科課程之事，考試學生之事，審察通儒院學生畢業應否照章給獎之事，由分科大學監督邀集教務提調、正副教員、各監學公同核議，由分科監督定議」。而且「凡涉高等教育之事」，與會成員無論職位高低，「如有與總監督不同者，可抒其所見，徑達於學務大臣」。〔註 175〕教員監學會議所的職權範圍，與《大學令》中各科教授會的權限也頗為相似。此外，在同年頒布的《京師大學堂詳細規則》中也明確規定：「凡關教授一切事宜，各教員若有意見，隨時與教務提調商議」；「教務提調若於教授事項有欲增減之處，可約集全堂教員或教員數人會議決定，然後施行。」〔註 176〕學堂管理者已開始主

〔註 175〕《奏定大學堂章程》（1904 年 1 月 13 日），璩鑫圭、唐良炎編：《中國近代教育史資料彙編：學制演變》，上海教育出版社，2007 年，第 392～394 頁。

〔註 176〕《光緒三十年京師大學堂詳細規》（1904 年），王學珍、張萬倉編：《北京高等教育文獻資料選編 1861～1948》，首都師範大學出版社，2004 年，第 192 頁。

動邀請教員，以會議形式參與教學事務管理。

　　大學堂會議所的設立，賦予了正副教員參與大學和分科大學事務管理的權力，為教員參與校政管理提供了平臺和法律保障。雖然總監督及各分科監督掌握著大學學科設置、教員聘任、學生考核等事務的最終決定權，但教員可以通過會議所來表達自己的意見，參與到大學堂內部事務管理之中，這與此前的舊式學堂的管理模式相比有很大進步，這些規定在中國高等教育史上具有重要意義。會議所在形式和內容上也已具備了大學評議會的雛形，一定程度上而言，也為民初《大學令》中「教授治校」制度的確立奠定了基礎。

　　《奏定大學堂章程》中的規定促成了教員參與學堂管理的權力從無到有的飛躍，並在清末後續頒發的規程中延續修正，鞏固擴大，而未中斷。1910年，學部「核以京外各學堂現時情形，並採取東西各國管理良法」，對原學堂章程「逐章增補，其原定定各條中，有不合於現行規制者，亦略加刪改」，頒布了《增訂各學堂管理通則》，再次強調了學堂會議所的設置，分類也愈加細緻。其中第五節規定：「學堂當設會議室，以為隨時會議之用，或教員會議，或管理員會議，或全堂職員會議。」〔註177〕此體系已開始涉及大學內部縱向與橫向的分權。在縱向上，涉及更改章程等重要事宜時，須由各監督、教務提調、正教員等於會議所商議決定，而其中的教務提調多由學術聲望最高的教員擔任，也充分體現了清末大學堂在內部管理上逐漸開始重視教員在「治校」中的作用，而不再單純局限於各監督等政府官員；各級管理人員也均有一定的發言權，當與會人員意見與總監督不同者，可徑直提議由學務大臣裁決。而在橫向上，各分科大學的教員監學會議所，具體負責各科事宜，類似於學院層級的各分科也因而具有一定的自主權。

　　清末教育改制對於中國傳統書院制的一大改變是以「官力」強化對教員的管理，將新式學堂的教員「列作職官」，歸「本學堂監督、堂長統轄節制」，由此確立了行政管理職銜凌駕於教職之上的威權。大學堂是「中西制度及思維模式相互碰撞之後的副產物」。〔註178〕雖然移植了西方大學學科分類、教學課程等相關制度，並且也出現了民主管理改革的傾向，設立了「會議所」等議事機構，但在君主專制和傳統教育理念的影響下，大學堂移植的主要是表面化的

〔註177〕《學部奏增訂各學堂管理通則摺》，上海商務印書館編譯所編纂：《大清新法令（1901～1911）》第 7 卷，商務印書館，2010 年，第 351 頁。

〔註178〕（美）魏定熙：《權力源自地位：北京大學、知識分子與中國政治文化（1898～1929）》，張蒙譯，江蘇人民出版社，2015 年，第 12 頁。

東西，對於深層次的西方大學民主治理理念、精神文化則鮮有吸收。會議所採取「公議+定議」的形式，而非民主投票的方式決議，教員僅有參與權，而決策「定議」權仍由監督和分科監督執掌。大學堂在內部管理上仍然沿襲著封建機構的官僚體制，實行高度集權的內部組織模式，儼然如「朝廷的一個政府機關，按照政治的邏輯在運行，強調統一和服從」。〔註179〕學堂的總辦、提調等管理人員，皆由各部院的官員充任，「大率皆最工於鑽營奔競，能仰承長吏鼻息之候補人員也」，官本位價值取向十分明顯；而學堂教員，「大率皆八股名家，弋竊甲第，武斷鄉曲之巨紳也」。〔註180〕大學堂僅有大學之形而無大學之實，並未擺脫舊式官僚養成所的實質，缺乏現代大學理念的支撐。

晚清民國高等教育發展的一個根本問題是：在博觀深造的高等學堂，如何最大限度地維護教學研究的絕對主體地位，盡可能避免或減少行政管理對教學研究的干擾？江蘇存古學堂形成的「總教治校」辦學運作模式也是清季精英士人在特定時空的「新政」實務中對於這一問題的思考和嘗試。

1908年5月24日，江蘇存古學堂正式開學，設經、史、詞章三科，曹元弼、葉昌熾、王仁俊分任總教。學生分內、外兩班。內班住堂，每月有「膳資筆墨各費」；外班不住宿，亦無膳資。〔註181〕葉昌熾因性情和身體原因，平日多避居鄉下。王仁俊原被寄望為辦學的「好幫手」，但開學不到一月即離職進京。故而曹元弼成為總教中權力最重、擔當最多者。諸如內班學額的增補、月考的時間和場次安排、分教閱卷評語的校正等事，多是曹、葉二人協商，最終由曹氏拿主意。但「權在總教」並不是總教孤行獨斷，而是以此為核心，當適逢重大校務決策時，所有教職員皆會參與其中。如在1909年春江蘇存古學堂重訂教學管理細則的過程中，庶務長、會計等先擬出草案，呈曹元弼過目。曹氏再將其傳給葉昌熾，「詳閱一遍，加三箋」。至8月22日，所有教職員再集議「共商」，確定「以師範學堂為模範而稍增損之」。〔註182〕

江蘇存古學堂形成的「總教治校」「教員皆兼管理學生」的辦學取向，既

〔註179〕夏仕武：《大學教師學術權利的制度設計研究》，北京師範大學出版社，2011年，第86頁。

〔註180〕梁啟超：《新民說》，商務印書館，2016年，第131頁。

〔註181〕《江蘇省蘇州官立存古學堂光緒三十四年第一學期一覽表》，臺北「國史館」藏，晚清學部檔案，195/134；《江蘇存古學堂現辦簡章》，《政治官報》，1908年6月2日，「法制章程類」，第17～18頁。

〔註182〕葉昌熾：《緣督廬日記》，1909年3月18日、8月22日，江蘇古籍出版社，2002年，第6100、6213頁。

節省經費，又與尊師輕官、學問至上的校風相輔相成，有助於避免行政管理對學術研究和教、考事務可能存在的妨害。同時，以總教為核心的「士治」表面看固以官不經手為常態，實質上卻是代表「國家」掌控絕大多數資源的官方大員將學務主導權授予辦學員紳，運作的環境和內在邏輯皆已改變。〔註183〕江蘇存古學堂「總教治校」的辦學模式從治校理念上也與「教授治校」異曲同工，體現了在清末教育領域學術權力開始覺醒，向封建行政權力發起衝擊。

　　「教授治校」（清末尚無教授、講師等職稱劃分，或可稱為「教習治校」）〔註184〕這一民主治校模式在清末的政治社會環境下，尚處於一種萌芽狀態，缺乏推行的條件和生存的土壤。至辛亥革命後，君主專制制度被推翻，民主共和政體的確立及教育學制的改革，推動了教育民主化的進程，為「教授治校」在一些大學的推行創造了有利環境，才逐步發展成為民國大學治理中一種較為重要的體制模式。

〔註183〕郭書愚：《「總教治校」：清季江蘇存古學堂的校務運作》，《近代史研究》，2021年第6期。

〔註184〕清末學堂內的教師，最初稱為「教習」，1903年後改稱「教員」，並有正、副教員之分。光緒二十九年（1903年）頒布《學務綱要》規定：「此後京內外各學堂教習，均應列為官職，名為教員，受本學堂監督堂長統轄節制。」辛亥革命後，1912年，教育部頒布《大學令》，才規定：「大學設教授、助教授」。參見杜元載主編：《抗戰前之高等教育》，《革命文獻》第56輯，臺北「中央」文物供應社，1971年，第87～88頁。

第二章　民國時期「教授治校」的演進階段

　　任何一種制度從萌芽、發展至成熟、破滅，均由其自身發展邏輯。關於民國時期「教授治校」的發展演進歷程，從事高等教育理論研究的周川曾作過粗略闡述，認為其「成型於五四運動前後的北京大學，普遍推行於 20 世紀 20 年代，經過不斷修正一直持續到 40 年代末」。〔註1〕筆者也較為贊同此觀點，但周文僅就「教授治校」早期的制度設計和政府教育法令對其的修正等問題作了論述，並未進行詳細分期解讀，且關注點集中於抗戰前的時期，對於戰時及戰後解放戰爭時期「教授治校」的實踐發展情況論述較少。

　　「教授治校」是依據大學憲章和一定的組織形式（評議會、教授會等組織）建構起的一套制度體制，且主要在公立大學實行。早在 1932 年筆名為萍夫的學者便指出：「我們談這個問題（教授治校）是專就國立和公立的學校而言。」〔註2〕私立學校一般規模較小，主要採用董事會領導下的校長治校制，很少設立教授會、評議會。筆者結合不同時期政治社會、教育文化發展變遷的現實背景，政府頒行的教育法規及各大學公布的章程條例，並依據「教授治校」在不同時期模式轉換的發展理路，大學施行數量的多寡（可參照論文附錄部分的表格），將「教授治校」在民國時期的演進歷程，大致分為四個時期：創制期（1912～1920）、發展期（1921～1928）、擠壓期（1929～1945）和復興

〔註1〕周川：《中國近代大學「教授治校」制度的演進及其評價》，《高等教育研究》，2014 年第 3 期，第 77 頁。

〔註2〕萍夫：《教授治校問題的研究》，《白河週刊》第 1 卷第 49 期，1932 年 8 月 6 日，第 548 頁。

期（1946～1949）。

自 1912 年教育部頒布《大學令》至 1921 年國立東南大學引入美國模式之前，為「教授治校」的創制期。創制期主要以德國模式為移植對象，評議會、各科教授會等為其基本組織形態。因民初大學數量較少，推行十分有限，以北大為典型代表，特點是教授掌握大學全部事務的決策管理權，注重教授在基層的權力支配。

自 1921 年東南大學引入美國模式到 1929 年國民政府頒行《大學組織法》，倡導校長集權治校，壓制「教授治校」之前，為「教授治校」的發展高潮期。發展期以美國模式為移植借鑒對象，董事會、評議會、教授會等為其基本組織形態。以東南大學、清華學校為典型代表，特點是注重分權管理，教授主要掌握學術事務的決策管理權。此時期因適逢興辦大學熱潮、順應了政府和大學拓展經費來源、教育民主化的現實訴求，而得以廣泛推行。

自 1929 年南京國民政府頒行《大學組織法》至 1945 年抗戰勝利前夕為擠壓期。《大學組織法》等教育法規取消了評議會、教授會的設置，並注重強化校長權力，以推行「黨化教育」重構府學關係。僅戰前的清華大學和戰時的西南聯大等個別大學，憑藉自身特殊的地位、環境和師生的努力，得以推行「教授治校」。清華大學也在借鑒美國模式的實踐基礎上，注意結合自身發展實際，進行本土化改造，形成了典型的清華模式，並成為西南聯大及後續大學的參照對象。

抗戰勝利後 1946 年高校復員至 1949 年全國解放前夕為復興期。之所以稱之為復興期，一則是因為北大、交大、南開、中央大學（前身國立東南大學）等校，在北洋時期均實行過「教授治校」，南京國民政府建立後多轉為校長集權治校，而在此內戰、政局動盪、政府放鬆對大學控制的時局下，「教授治校」的原則理念重新復興。二是國民政府為緩解學界風潮壓力、響應民主化要求，也相應調整了大學法規，頒行《大學法》，增強教授在校務、院務機構中的決策權，也顯示出對民初《大學令》中「教授治校」精神理念的一種回歸。

第一節 「教授治校」的創制期（1912～1920）

中國近代大學「教授治校」的開創推行，主要是在政府主導下進行的，教授治校權力的獲得較多體現被動接受的一面，不同於西方大學通過教師主動

發起反教會、世俗勢力或與董事會鬥爭而獲得。民國初期教育學制的改革，基本沿襲了清末「遠法德國，近採日本」的指導方針，「教授治校」在創制期也是如此，在組織結構設計上主要移植日本、德國模式。以《大學令》的頒布為標誌，德國模式評議會、各科教授會的基本組織建構被推向全國。

一、《大學令》與「教授治校」的合法規範化

1912 年 1 月 1 日，中華民國臨時政府在南京成立，確立了民主共和政體，孫中山就任臨時大總統，舊的體制、規範和觀念隨著清王朝的崩潰，而「開始或毀壞或動搖或日益腐爛」。〔註 3〕自由平等的精神成為各種教育思想的「普通元素」，〔註 4〕為教育的民主化改革創造了有利環境。加拿大學者許美德也提出民國初期，「中國才真正開始致力於建立一種具有自治權和學術自由精神的現代大學」，在這一過程中扮演重要角色的是蔡元培。〔註 5〕

為了推動政府教育政策法規的貫徹執行，南京臨時政府成立了教育部，作為執掌全國教育行政事務的最高機關，在首任教育總長蔡元培的領導下，教育部頒行了一系列新的教育學制法令，積極推動教育改革事業，以清除封建專制制度的影響，適應政體轉變和民族資本主義的發展需要。《大學令》就是其中一項重要的法令，正式以政府法令形式賦予了教授參與大學決策管理的權力，構成了「教授治校」的基本內容，標誌著「中國大學教授治校制度的開端」。〔註 6〕

《大學令》的制定頒布及其中蘊含的「教授治校」原則理念，是首任教育總長蔡元培新教育理念的集中體現。1912 年 1 月 4 日，蔡元培就任南京臨時政府教育總長，在上任不久，談及對新教育的意見時，便開宗明義的強調，「教育有二大別：曰隸屬於政治者，曰超軼乎政治者」，在清末專制時代，教育家只能「循政府之方針以標準教育，常為純粹之隸屬政治者」；而今進入共和時代，「教育家得立於人民之地位以定標準，乃得有超軼政治之教育」。〔註 7〕他

〔註 3〕　李澤厚：《中國現代思想史論》，生活·讀書·新知三聯書店，2008 年，第 3 頁。

〔註 4〕　舒新城：《近代中國教育思想史》，中華書局，1928 年，第 15 頁。

〔註 5〕　（加）許美德：《中國大學 1895～1995：一個文化衝突的世紀》，教育科學出版社，2000 年，第 78 頁。

〔註 6〕　田聯進：《反思與重構中國高等教育制度》，中央編譯出版社，2015 年，第 112 頁。

〔註 7〕　《教育部總長蔡元培對於新教育之意見》，《中華教育界》第 1 卷第 2 期，1912 年 2 月 25 日，第 5 頁。

在召集的中央教育會議上也表示：「民國教育方針，應從受教者本體著想，有如何能力，方能盡如何責任；受如何教育，方能俱如何能力。」〔註8〕可見，蔡元培希望趁著民主共和時代的到來，以革新教育理念，改革傳統教育，建立起「超軼政治之教育」，以實現教育的獨立與自治。以上教育主張也是蔡元培早年留學德國期間，在萊比錫大學接觸到的「自由與獨立」等德國大學理念的反映。〔註9〕

德國大學以「教授治校」和「教學自由」著稱，〔註10〕在19世紀末20世紀初，德國大學模式已「成為了世界範圍的模式」。〔註11〕蔡元培對德國大學的治理模式極為推崇，「德國各大學，或國立、或市立，而其行政權集中於大學之評議會」，〔註12〕並認為「歐洲各國高等教育之編制，以德意志為最善」。〔註13〕蔡元培早在1910年留學德國期間，就將柏林大學教授巴留岑（今譯包爾生）所著《德意志大學》的部分內容翻譯成中文，在國內的《教育雜誌》上發表，對德國大學的管理形式、組織結構等方面作了譯介。上一章論述「教授治校」傳入時已進行介紹，此處不再贅述。以上教育理念，在蔡元培主持草擬的教育法令中充分體現了出來。

1912年10月24日，由蔡元培主持起草的《大學令》頒布施行，〔註14〕對大學的辦學宗旨、系科設置、管理體制等作了明確規定。法令第一條即明列「大學以教授高深學術，養成碩學閎材，應國家需要為宗旨」，第十五條又規定：「大學各科設講座，由教授擔任之」，這也是德國大學強調學術至上的理念及在基層設置講座教授的重要體現。在學校管理方面，第十六條至第十九條規定大學

〔註8〕 陳青之：《中國教育史》，商務印書館，1936年，第649頁。

〔註9〕 （美）魏定熙：《權力源自地位：北京大學、知識分子與中國政治文化（1898～1929）》，張蒙譯，江蘇人民出版社，2015年，第83頁。

〔註10〕 孟憲承：《大學教育》，孫燕京、張研主編：《民國史料叢刊續編》第1073冊（文教‧高等教育），大象出版社，2012年，第15頁。

〔註11〕 （美）愛德華‧希爾斯：《學術的秩序——當代大學論文集》，李家永譯，商務印書館，2007年，第59頁。

〔註12〕 蔡元培：《大學教育》（1930年），高平叔編：《蔡元培教育論著選》，人民教育出版社，2017年，第606頁。

〔註13〕 蔡元培：《大學改制之事實及理由》，《新青年》第3卷第6期，1917年8月1日，第25頁。

〔註14〕 1912年3月10日，袁世凱在北京接任孫中山就任臨時大總統，將政府機關遷都北京後，蔡元培繼續擔任教育總長一職。後因不滿袁世凱的作為，於當年7月憤而辭職，但由蔡元培主持制定的相關教育法令政策，基本為繼任者范源濂所採用。

設立評議會、各科教授會，是為「教授治校」的相關規定，〔註15〕具體如下：

第十六條　大學設評議會，以各科學長及各科教授互選若干人為會員，大學校長可隨時齊集評議會，自為議長。

第十七條　評議會審議下列諸事項：一、各學科之設置及廢止；二、講座之種類；三、大學內部規則；四、審查大學院生成績及請授學位者之合格與否；五、教育總長及大學校長諮詢事件。凡關於高等教育事項，評議會如有意見，得建議於教育總長。

第十八條　大學各科各設教授會，以教授為會員；學長可隨時召集教授會自為議長。

第十九條　教授會審議下列諸事項：一、學科課程；二、學生試驗事項；三、審查大學院生屬於該科之成績；四、審查提出論文請授學位者之合格與否；五、教育總長、大學校長諮詢事件。〔註16〕

《大學令》中雖然沒有明確提出大學自治權和學術自由等問題，也無「教授治校」的正式提法。但以上條文對評議會、教授會的職能權限作出的明確規定，賦予了教授執掌大學重要事務的決策管理權，已建構起「教授治校」的基本內容。

依據《大學令》的規定，評議會成為校務決策管理的重要機構，同時它又是一個類似行會的商議組織，而這種「行會是平均主義的，充滿參議院式的禮貌否決」，〔註17〕以集體協商投票等方式決定學校的重要事務，充分體現了民主性。各科教授會則是各學科教授參與教學管理性的組織，充分體現了大學民主管理的一面，由此也在大學的校科兩級設立了互助協同的教授會組織：一為學校層級的評議會，負責審議和決議學校的大政事務，成員由占主導的各科教授會互選之教授代表和學長、校長組成；二為學科層面的教授會，由各科教授組成，負責審議各學科的事務。民國教育家何炳松將《大學令》中的以上規定內容，作為「現代所謂『教授治校』制度的起源」。〔註18〕陳青之也

〔註15〕蔡尚思：《蔡元培的民主教育思想》，《現實文摘》第1卷第1期，1947年5月3日，第8頁。

〔註16〕蔡元培：《大學令》（1912年10月24日），高平叔編：《蔡元培教育論著選》，人民教育出版社，2017年，第25～27頁。

〔註17〕（美）克拉克·克爾：《大學之用》，高銛等譯，北京大學出版社，2019年，第56頁。

〔註18〕何炳松：《三十五年來中國之大學教育》，莊俞、賀聖鼐編：《最近三十五年之中國教育》，商務印書館，1931年，第97頁。

稱之為「教授管校的起源」。〔註19〕

此外，《大學令》對清末延續下來的大學堂中教習等人員的稱謂也參照西方大學進行了調整規範，「將監督堂長改稱校長，正教員、副教員改稱教授、助教授，遇必要時且得延聘講師，各科設講座。各科設學長，為學術行政主管」。〔註20〕以上大學教師管理人員稱謂的改變，也為後續「教授治校」的推行作了鋪墊。

《大學令》中的內容明顯參照了日本的《帝國大學令》（1886年），以「講座——學科教授會——大學評議會」為結構體制，〔註21〕而日本又移植借鑒了德國模式，故深層次而言，兩法令皆源於德國。如德國大學在校一級設立有評議會，作為學校主要的決策性機構，由學部主任、各學部推選的教授代表和具有備選資格的兩三名教授組成；在學部一級則設有部務委員會，由學部全體教授和部分非教授教師組成，負責學部的各項事宜；在基層則設有講座、研究所，由講座教授全權負責。〔註22〕從中也可以看出，中日兩國頒行的《大學令》中規定設立評議會、各科教授會、講座等內容，皆導源於德國大學。

需要注意的是《大學令》第十五條規定：「大學各科設講座，由教授擔任之。教授不足時，得使助教授或講師擔任講座。」〔註23〕此處的「講師」並不指低於教授、副教授職稱的教師，而是指兼職教師（不在本大學任職的專任教師），當時的教員中僅分為教授、助教授兩類，1927年後才有講師、助教之等級。〔註24〕此類「講師」不被列入大學教員等級，但地位並不低於教授，薪俸不按月支薪，而按時計算，「每小時二元至五元」。〔註25〕而這裡的「助教授」

〔註19〕陳青之：《中國教育史》，商務印書館，1936年，第670頁。

〔註20〕鄭世興：《中國現代教育史》，三民書局，1981年，第145頁。

〔註21〕《帝國大學令》（明治十九年三月敕令第三號），璩鑫圭、唐良炎編：《中國近代教育史資料彙編·學制演變》，上海教育出版社，2007年，第230～231頁。

〔註22〕（加）約翰·范德格拉夫等編：《學術權力——七國高等教育管理體制比較》，王承緒等譯，浙江教育出版社，2001年，第23～24頁。

〔註23〕蔡元培：《大學令》（1912年10月24日），高平叔編：《蔡元培教育論著選》，人民教育出版社，2017年，第26頁。

〔註24〕南京國民政府建立後，教育行政委員會於1927年6月公布了《大學教員資格條例》，規定大學教員名稱分四等：「一等曰教授，二等曰副教授，三等曰講師，四等曰助教」。一直沿用至今。參見蔡芹香編：《中國學制史》，世界書局，1933年，第269頁。

〔註25〕《教育部公布國立大學職員任用及薪俸規程令》，中國第二歷史檔案館編：《中華民國檔案資料彙編》第三輯教育，江蘇古籍出版社，1991年，第166頁。

則相當於後來的副教授。講座制在北京大學等中國近代大學的實行過程中，並不像德國大學講座教授那樣擁有絕對權力，而是得到了改良，以至失去了講座制的本源含義。〔註26〕

《大學令》是建立中國近代大學制度的正式文本，它的頒布也為「教授治校」在全國推行提供了法律依據和規範。但由於袁世凱上臺後推行一系列倒行逆施的復古舉措，「樹植私黨，壓制民權，頒下尊孔讀經的命令，制定祀天祭地的典禮，所有昔日的一切風俗、習慣、制度逐一恢復原狀」，〔註27〕教育總長蔡元培也因不滿北洋當局的獨裁統治，不久即辭職離開，遠赴歐洲留學，致使《大學令》中的多項規定僅僅停留在紙上層面，並未受到充分的重視和貫徹執行，直到1916年底蔡元培回國出任北大校長後，才真正將法令內容予以落實。

二、德國大學理念的深入傳播

20世紀初，「德國大學在思想成就和海內外聲譽方面都達到了前所未有的高度」。〔註28〕民初以蔡元培為代表的教育家所提出的教育改革理念，以及《大學令》等教育法令中的相關內容，主要「以德國式的自治權和學術自由作為其組建的根本基礎」，〔註29〕集中反映了德國大學理念對民初教育改革的影響。在1917年蔡元培於北大實行「教授治校」之前，國內一些期刊雜誌也刊載了多篇介紹歐美大學（以德國大學為主）教育的文章，將歐美大學的治理模式，尤其是德國大學的制度理念譯介進來，推動了「教授治校」理念在社會上的傳播。

在首任教育總長蔡元培的影響下，1913年2月，由教育部編纂處主辦發行的《教育部編纂處月刊》創刊，至同年10月第10期停刊。該期刊在編排體例上分為法令、外論、學說、譯聞、文牘錄要、本部紀事、附錄等七項，其中的「譯聞」部分，專門刊載譯介歐美大學教育的相關文章，具體篇名見下表。其中關於德國大學教育的內容佔了很大部分，涉及組織法大綱、學科設置、大學院結構等方面，是傳播德國大學理念的重要平臺。雖然該刊存在時間很短，但由於是教育部主辦，其權威性和政策導向性毋庸置疑。

〔註26〕周谷平：《中國近代大學的現代轉型：移植調適與發展》，浙江大學出版社，2012年，第201頁。

〔註27〕陳青之：《中國教育史》，商務印書館，1936年，第650頁。

〔註28〕（美）魏定熙：《權力源自地位：北京大學、知識分子與中國政治文化（1898～1929）》，張蒙譯，江蘇人民出版社，2015年，第81頁。

〔註29〕（加）許美德：《中國大學1895～1995：一個文化衝突的世紀》，許潔英譯，教育科學出版社，2000年，第68頁。

表 2-1 《教育部編纂處月刊》「譯聞」中譯介歐美大學教育的文章

篇　目	卷期號（1913 年）
現今德意志大學之組織及其在共同生活上之位置（譯德國鮑洛遜博士《德意志大學》第二編）	第 1 卷第 1 期 第 1 卷第 2 期（續）
德意志大學院	第 1 卷第 1 期
比國博士院組織法及其規程	第 1 卷第 1 期
英國教育學術會類志	第 1 卷第 1 期、第 2、3 期（續）
比國博士院理學部章程、比國博士院文學部章程	第 1 卷第 2 期
德意志大學校組織法大綱（譯自 W. Lexis 之《德意志大學》）	第 1 卷第 3 期
比國博士院美術部章程、藏書室章程	第 1 卷第 3 期
德意志大學之學科及其研究（譯自 W. Lexis 之《德意志大學》）	第 1 卷第 4 期 第 6、7、8、9、10 期（續）
巴黎大學狀況	第 1 卷第 4 期、第 5 期（續）
德國埋哈摩市之教育	第 1 卷第 5 期
普魯士柏林市之教育	第 1 卷第 6 期 第 7、8、9、10 期（續）
法國高等教育評議會法	第 1 卷第 7 期
巴黎官立及私立各種高等教育學校	第 1 卷第 7 期、第 8 期（續）

注：《教育部編纂處月刊》刊載的各譯介文章均未寫明具體譯者，而且每篇文章頁碼
　　也是重新排列，故表中未列明譯者、具體頁碼。該刊可在《全國報刊索引數據庫》
　　在線查閱。

　　從上表可知，《教育部編纂處月刊》「譯聞」中譯介的文章集中在歐洲大學
教育，美國教育則在「學說」、「外論」部分才有所涉及。而在介紹的歐洲大學
中又更偏重德國大學，上表所列的 13 篇譯介歐洲大學教育的文章中，關於德
國教育佔了 6 篇。表中提到的德國鮑洛遜（今譯包爾生）博士及其撰寫的《德
意志大學》，正是 1910 年蔡元培所翻譯的《德意志大學之特色》的原著。

　　在《現今德意志大學之組織及其在共同生活上之位置》這篇譯文中提到：
德國「大學校隸屬於國家，而同時又為自由講學之團體」，「其最著者，即校內
職員皆用自行選舉法是也。校長一人由各教員中推選，就職期限為一年，對外
有代表全校之資格，對內則在校職員皆歸其管轄，學生進退，皆取決於一人，
校中集會等事，亦受其監督。管理校事者，除校長外，尚有議事所 Senat，其
議員皆由教員中推選外，餘為大學校長、各科學長及大學裁判員，即以校長為

其領袖，凡關於校內管理事項，由議事所開會議決。處罰學生，亦為校長與議事所職權」；「管理校事除以上所述兩機關外，各科學長由各科教員中推選，其任事期限與校長同」，大學教員分為兩種，「一為教授，一為講師。教授由國家委任，授以相當之俸給；講師則由各科推薦」。〔註30〕文中所稱的「大學校」相當於當時的北大等國立大學，決議校內各項事務的議事所，則相當於《大學令》中的評議會，各科學長則由各科教員集體開會推選產生。

其他一些文章也專門介紹了德國大學的組織結構及「教授治校」的實行情況。如譯自 W. Lexis 著作中的《德意志大學校組織法大綱》一文，對於德國大學「教授治校」的實施情形介紹的更為詳細：「校長或副校長於全體正式教授中推選一人充之，任職一年，選定後尚須得國王之許可。校長執行校事，凡開會議，以校長為主席。德意志大學校多有議事所 Senat，此議事所，由校長、各科學長、正式教授所推選之議事員，以及大學校裁判官組織而成。亦有數大學，如郭挺更、挪挪、土賓更議事所，純由正式教授組織。但於此機關外，尚有管理及裁判事務兩機關。」〔註31〕此類文章的譯介刊載，無疑推動了德國大學「教授治校」、大學自治等理念在社會上的廣泛傳播。

除了《教育部編纂處月刊》外，至 1917 年蔡元培移植德國大學理念改革北京大學之前，《教育雜誌》《中華教育界》等教育類刊物，也刊登了許多介紹歐美大學教育的文章，尤其對德國大學教育十分推崇。如《德國改革教育之趨勢》〔註32〕《德國大學學生學生法》〔註33〕《德國之學校制度及教育狀況》〔註34〕《英美德法大學教育之比較》〔註35〕《德國教育之特質》〔註36〕

〔註30〕《現今德意志大學之組織及其在共同生活上之位置（譯德國鮑洛遜博士〈德意志大學〉第二編）》，《教育部編纂處月刊》第 1 卷第 1 期，1913 年 2 月，第 3～5 頁。

〔註31〕《德意志大學校組織法大綱（譯自 W. Lexis 之〈德意志大學〉）》，《教育部編纂處月刊》第 1 卷第 3 期，1913 年 4 月，第 2～3 頁。

〔註32〕志厚：《德國改革教育之趨勢》，《教育雜誌》第 4 卷第 10 期，1913 年 10 月，第 99～108 頁。

〔註33〕太玄：《德國大學學生學生法》，《教育雜誌》第 5 卷第 6 期，1913 年 6 月，第 59～62 頁。

〔註34〕錢智修：《德國之學校制度及教育狀況》，《教育雜誌》第 5 卷第 6 期，1913 年 6 月，第 71～88 頁。

〔註35〕王寵惠：《英美德法大學教育之比較》，《中華教育界》第 20 期，1914 年 8 月，第 1～4 頁。

〔註36〕陸規亮：《德國教育之特質》，《江蘇教育行政月報》第 11 期，1915 年 11 月，第 1～19 頁。

《德國之教育制度》〔註37〕等。以上期刊所刊載的文章，對於歐美大學，尤其是德國大學教育的譯介、著述，加深了國人對德國大學「教授治校」等制度理念的認識。如志厚在文章中稱「德之教育於歐洲稱最」，並對的德國改革教育的歷史和趨勢作了考察。〔註38〕陸規亮在論及德國高等教育時，也寫道：「德國大學雖創立於諸文明國之後，而其新設者，今已達二十二校。十八世紀以來，德國大學之特別頸部，蒸蒸日上，實為他文明國所罕見」；並認為「德國之大學較諸文明國之大學，且有自由研究之特權」。〔註39〕

除了雜誌期刊文章外，國內出版的一些專門研究德國教育的著作中，對德國大學「教授治校」的實施情況也有所介紹。如1916年7月由華文祺、蔡文森等人編譯的日本教育家吉田熊次的著作《德國教育之精神》，書中提到：「德國大學殆為絕對之自由團體。因之分科大學長每年互選，大學總長亦由各分科大學全體教授中互選，相為迭代……凡百事務，皆由合議制決之。蓋如此，其大學行政，雖每年更易大學長及總長，而秩序卒整然不亂。此為自由之精神與尊重秩序之國民性膨脹而及於大學之證。」並盛讚「德國大學真為自由之神境，創始的研究與學術的研究，均為大學之生命」。〔註40〕以上文章、著作的刊發譯介，極大地推動了「教授治校」制度理念在社會上的傳播，也為蔡元培借鑒德國大學理念模式改革北大創造了有利環境。

三、德國模式的推行與實踐

民國建立後，在教育總長蔡元培的主持下，通過移植借鑒德國大學的治理模式，建構起了以「學科教授會——大學評議會」為組織結構的教授治校體制，並在教育部頒布的《大學令》中反映出來。歐美大學「教授治校」的運作模式和組織機制，主要可分為以德國、法國為代表的歐陸模式和以英國、美國為代表的英美模式，上一章已詳細介紹，其他國家多在移植繼承這兩種模式的基礎上發展完善。民初高等教育發展模式主要以德國大學為參照，故為

〔註37〕 余寄：《德國之教育制度》，《中華教育界》第5卷第7期，1916年7月，第1～8頁。

〔註38〕 志厚：《德國改革教育之趨勢》，《教育雜誌》第4卷第10期，1913年10月，第99頁。

〔註39〕 陸規亮：《德國教育之特質》，《江蘇教育行政月報》第11期，1915年11月，第1～19頁。

〔註40〕 （日）吉田熊次：《德國教育之精神》，華文祺等編譯，商務印書館，1916年，第22～23頁。

簡化直觀起見，筆者直接稱以德國模式，而不再稱歐陸模式，後期的美國模式亦是如此。

《大學令》雖然在 1912 年 10 月就已公布，要求大學設立評議會及各科教授會，分別決策處理校、科事務，構建德國「教授治校」模式。德國大學理念也通過《教育部編纂處月刊》等期刊的發行，而在社會上廣泛傳播。但德國模式的推行卻十分有限，直到 1917 年蔡元培就任北大校長後才真正得以貫徹執行，其原因除了袁世凱上臺後推行一系列復古逆流政策外，還有以下幾點。

第一，民國建立之初，全國公立（官立）大學為數甚少，只有北京大學、北洋大學和山西大學校三所。〔註41〕其中北大為國立，北洋、山西兩大學原為省立，自 1918 年起經費開始由國庫支給，乃改為國立。〔註42〕蔡元培擔任教育總長期間，曾計劃除北大外，另在南京、漢口、四川、廣州各籌辦一所國立大學。〔註43〕但由於政治動盪，政府財政拮据，計劃終未能實現。另外，《大學令》對大學的創設也有嚴格限制，規定須具備以下三種情形，方得名為大學，即「（1）文、理二科並設者；（2）文科兼法、商二科者；（3）理科兼醫、農、工三科或二科，一科者」，〔註44〕這也是蔡元培強調「大學實止須文理科，以其專研學理也」的具體反映。〔註45〕但此種要求就阻擋了很多單科性的高等專門學校晉升為大學，〔註46〕限制了《大學令》的推行。直到 1922 年「壬戌學制」頒行後，才規定單科學校也可改為大學，推動了興辦大學的熱潮，「教授治校」才在多所大學推行，而進入發展高潮期，此時期在參照模式上也從德國模式轉向美國模式。

〔註41〕山西大學校史編纂委員會編：《山西大學史稿（1902～1984）》，山西人民出版社，1987 年，第 22 頁。

〔註42〕《教育部公布全國大學概況》（1918 年），中國第二歷史檔案館編：《中華民國史檔案資料彙編》第 3 輯・教育，江蘇古籍出版社，1991 年，第 176 頁。

〔註43〕蔡元培：《我在北京大學的經歷》，《東方雜誌》第 31 卷第 1 期，1934 年 1 月 1 日，第 5 頁。

〔註44〕1912 年 3 月 10 日，袁世凱在北京接任孫中山就任臨時大總統，將政府機關遷都北京後，蔡元培繼續擔任教育總長一職。後因不滿袁世凱的作為，於是年 7 月憤而辭職，但由蔡元培主持制定的相關法令政策，基本為繼任者范源濂所採用。

〔註45〕新潮社編輯：《蔡孑民先生言行錄》上冊，中華書局，1920 年，第 28 頁。

〔註46〕依據 1912 年 10 月教育部公布《專門學校令》中的規定，專門學校之種類分為法政、醫學、藥學、農業、工業、商業、美術、音樂、商船和外國語等十類。參見《教育部公布專門學校令》（1912 年 10 月 22 日），潘懋元、劉海峰編：《中國近代教育史資料彙編・高等教育》，上海教育出版社，2007 年，第 471 頁。

　　第二，除北大、北洋和山西三所大學外，雖然各地也有多所高等專門學校、私立和教會大學。但《大學令》中的規定對象僅限於國立、省立大學，將大學與高等專門學校區別開來，突出了大學的特點，並以教育法規予以規範。〔註47〕兩者有明顯的區別，在宗旨上，大學重在學術的深究，而專門學校則重在實際的應用。〔註48〕在內部管理方面，高等專門學校並未明確要求設立評議會、教授會等組織，仍主要由校長、學監和庶務主任等少數人集權管理。如在 1914 年 7 月 6 日，教育部頒布的《教育部直轄專門以上學校職員任務暫行規程》中就規定：「校長承教育總長之命，掌理校務、統率所屬職員。」下屬職員中，「學監主任承校長之命，掌學生之訓育。學監承學監主任之命，分掌管理學生事宜」；「庶務主任承校長之命，掌理庶務會計事宜。事務員承庶務主任之命，分掌庶務會計事宜」。〔註49〕可見，當時專門學校的管理模式以校長負責制為主，強調上下級的統一與服從，中央集權式的體制。而其他教會大學尚未在政府立案，也不在《大學令》的規定範圍之內；私立大學則一般由董事會全權處理校內各事務，且學校規模小，教授人數十分有限，也很少設立評、教會議。

　　第三，1912 年至 1916 年間，大學教師人數較少，尚難以形成強大的群體效力，去爭取校務的決策管理權。據統計，1912 年大學及獨立學院的教員僅有 229 人（專門學校教員不計算在內）；1916 年大學及獨立學院教員也只有 420 人。〔註50〕而且這一時期的大學教員大多來源於清末的學堂，受傳統集權管理思想影響較深，對參與校務並不十分積極。如在 1912 年 11 月，山西大學就率先遵照《大學令》的規定，較早成立了校評議委員會與教授會，並經兩會醞釀討論，制定通過了《山西大學校學則》。〔註51〕但由於受時局和傳統集權管理所限，而且《大學令》雖然規定了大學設立評議會和教授會，賦予教授參

〔註47〕（加）許美德：《中國大學 1895～1995：一個文化衝突的世紀》，許潔英譯，教育科學出版社，2000 年，第 64 頁。

〔註48〕陳翊林：《最近三十年中國教育史》，上海太平洋書店，1930 年，第 258 頁。

〔註49〕《教育部直轄專門以上學校職員任務暫行規程》（1914 年 7 月 6 日），潘懋元、劉海峰編：《中國近代教育史資料彙編・高等教育》，上海教育出版社，2007 年，第 795～796 頁。

〔註50〕陳媛：《中國大學教授研究——近代教授、大學與社會的互動史》，山西教育出版社，2012 年，第 35 頁。

〔註51〕山西大學校史編纂委員會編：《山西大學百年校史》，中華書局，2002 年，第 31 頁。

與校務的決策權；但又規定校長總轄大學全部事務，學長主持一科事務。未能對評議會與校長、各科教授會與學長等權限進行嚴格區分，故山西大學雖設立了評議委員會、教授會等機構，但在實際操作並未發揮實質性作用，校務仍然由校長等少數人獨裁決斷。

國立大學直隸於中央政府，貫徹執行中央的教育法令理應首當其衝。但北京大學作為中國近代史上第一所冠名「國立」的大學，在貫徹執行《大學令》等政府頒行的教育法規上，反倒滯後於山西的省立大學，這與當時北大校長更迭頻繁有很大關係。自 1912 年 10 月嚴復辭職後，在短短四年間，教育部先後任命了章士釗（因事未到任，由馬良代理）、何燏時、胡仁源為校長，〔註52〕致使一些政策難以穩定持久，改革北大更是無從談起，自胡仁源接任校長後才逐步穩定下來。

1915 年 11 月，北大在校長胡仁源的主持下設立了評議會，作為「商決校政最高機關」，會員由各科選舉評議員 2 人組成。當選的評議員為：文科為陳黻宸、辜鴻銘，理科為馮祖荀、俞同奎，法科為張耀曾、陶孟和，工科為溫宗禹、孫瑞林，預科為朱錫齡、張大椿。〔註53〕有學者據此將胡仁源作為將「教授治校」制度付諸實踐的第一人。〔註54〕但筆者以為胡仁源長校北大時雖然設立了評議會，但並未制定相應的實施細則，也未設立各科教授會等組織，致使評議會形同擺設，難以發揮實質性作用。北大的內部管理仍就停留在舊式大學的管理模式，校務決策權由校長、學監主任等少數人掌握，並未真正將「教授治校」制度理念付出實踐。這從蔡元培就任北大校長後發表的演說中，也能得到印證。蔡曾言：「我初到北京大學，就知道以前的辦法是，一切校務都由校長與學監主任、庶務主任少數人辦理，並學長也沒有與聞的」。〔註55〕可知，在蔡元培未改革北大之前，各科學長尚難以參與到校務管理之中，更不要說普通教授了。

真正將《大學令》中的相關規定付諸實踐的，是在蔡元培就任北大校長之

〔註52〕蔡元培：《我在北京大學的經歷》，《東方雜誌》第 31 卷第 1 期，1934 年 1 月 1 日，第 5 頁。

〔註53〕參見蕭超然等編：《北京大學校史（1898～1949）》，北京大出版社，1988 年，第 45～46 頁；劉克選、方明東主編：《北大與清華：中國兩所著名高等學府的歷史與風格》上冊，國家行政學院出版社，2011 年，第 26 頁。

〔註54〕李克、沈燕：《蔡元培傳》，北京時代華文書局，2015 年，第 125 頁。

〔註55〕《本校全體學生歡迎蔡校長回校會》，《北京大學日刊》第 443 號，1919 年 9 月 22 日，第 2 版。

後。〔註56〕1912年7月，蔡元培因不滿袁世凱專權，辭去了教育總長一職，再次赴德國萊比錫大學留學研究學術，並關注和考察德國教育，繼續追尋「教育救國」之路。1916年袁世凱死後，黎元洪繼任大總統，范源濂任教育總長，明確表示將切實執行民國元年所制定的教育方針。教育部通令各省撤銷了1915年袁世凱頒行的《教育綱領》，並對一些教育政策、法令作了修正。〔註57〕范源濂提議請蔡元培出任北大校長，〔註58〕並於9月1日專程致電身在法國的蔡元培，望其早日回國，就任校長。〔註59〕蔡閱電後決意回國就職，並迅即辦理歸國手續。

　　1917年1月4日，蔡元培到北大視事就職，隨即著手推進一系列大刀闊斧的改革，開啟了將德國大學理念移植到中國的實踐，「教授治校」便是其中一項重要內容，也是貫徹落實《大學令》相關規定的重要步驟。「第一步組織評議會，給多數教授的代表議決立法方面的事；恢復學長權限，給他們分任行政方面的事。但校長與學長仍是少數，所以第二步組織各門教授會，由各教授與所公舉的教授會主任分任教務，將來更要組織行政會議，把教務以外的事務，均取會議制。並要按事務性質，組織各種委員會來研討各種事務。」〔註60〕其後蔡元培也依此構想分步實施，設立各組織機構，逐步確立了北大「教授治校」體制（第三章將詳述）。「教授治校」在北大的運行實踐，消除了校長與教授之間的行政距離，並通過學術紐帶、思想紐帶剔除了學校最高當局與教師之間的各種環節，實現了「零層級」管理，使學校組織趨於扁平化，〔註61〕促進了北大新思潮的傳播和學術的繁榮。

〔註56〕　（加）許美德：《中國大學1895～1995：一個文化衝突的世紀》，許潔英譯，教育科學出版社，2000年，第67頁。

〔註57〕　北洋大學——天津大學校史編輯室編：《北洋大學——天津大學校史》第1卷，天津大學出版社，1990年，第81頁。

〔註58〕　范源濂與蔡元培頗有交情。范源濂曾對人說：「蔡先生很偉大，他到北大作校長，是我作教育部長時，民五冬天從歐洲請回的。民國元年我到教育部作次長卻是他邀請的。我和他是肝膽相期的朋友。」參見梁容若：《記范靜生先生》，歐陽哲生等編：《范源濂集》，湖南教育出版社，2010年，第652頁。

〔註59〕　范源濂：《致蔡元培電》（1916年9月1日），歐陽哲生等編：《范源濂集》，湖南教育出版社，2010年，第337頁。

〔註60〕　《二十日之大會紀事：蔡校長訓詞》，《北京大學日刊》第443號，1919年9月22日，第2版。

〔註61〕　柳恩銘：《學習型學校的管理理論與策略》，廣東教育出版社，2007年，第181頁。

「在每一個國家，少數大學脫穎而出，具有其他大學希望傲仿的方式。」
〔註62〕自北大借鑒德國大學理念實行「教授治校」，取得巨大成就後，起了一種很好的示範作用，其他大學也在執行教育部法令的基礎上，積極響應、競相傲仿北大，建立評議會、教授會等機構，擬定符合自身發展實際的大學章程，實行民主治校。北大其他方面的改革，如廢年級制，採選科制；創辦各科研究所，實行男女同校等，也「多為教育部採行，作為改革高等教育的依據」。〔註63〕蔣夢麟有一段形象的話，說明了北大的改革舉措對全國教育界的影響：「北大所發生的影響非常深遠。北京古都靜水中所投下的每一顆知識之石，餘波都會到達全國的每一角落。甚至各地的中學也沿襲了北大的組織制度，提倡思想自由。」〔註64〕

在北洋政府對大學管制「傾向於放任」的情形下，〔註65〕1920年，國立北京高等師範學校（1923年改名為國立北京師範大學）制定公布了《國立北京高等師範學校組織大綱》，基本參照北大的章程而制定，確立了以評議會為最高權力機構的組織結構。大綱中規定：「評議會以教授互選八人，及校長、總務長、教務長組織之，以校長為議長。」教授代表與校長等行政人員的比例為8：3，占絕對優勢，保障了教授在決策中充分的發言權。評議會的職權也於北大類似，審議各學系和校內各事務機關之設立廢止及變更、各種規則、教育總長及校長交議事項、本校預決算等重要事務，範圍十分廣泛，涉及學校行政、財政、教學等多個方面。

除設立評議會外，國立北京高等師範學校還仿傚北大設立了行政會議、教務會議、總務處、及各類事務委員會（如聘任委員會、預算及審計委員會、出版委員會等）等組織機構。在院系一級，則設有學系會議，類似於北大的各系教授會，以學系主任及該系教授、講師組成，負責：「（1）各教課教授上之聯絡；（2）各該學系課程之增減及分配；（3）其他關於各該學系之事項」。〔註66〕

〔註62〕（美）愛德華・希爾斯：《學術的秩序——當代大學論文集》，李家永譯，商務印書館，2007年，第59頁。

〔註63〕張玉法主編：《中國現代史論集》第6輯，聯經出版事業公司，1980年，第427頁。

〔註64〕蔣夢麟：《西潮・新潮：蔣夢麟回憶錄》，新星出版社，2016年，第113頁。

〔註65〕蕭公權：《問學諫往錄》，傳記文學出版社，1972年，第80頁。

〔註66〕《國立北京高等師範學校組織大綱》（1920年），王學珍、張萬倉編：《北京高等教育文獻資料選編（1861～1948）》，首都師範大學出版社，2004年，第483～484頁。

章程的公布為國立北京高等師範學校推行「教授治校」，從組織形式到職能運作作了較為明確的表述，也為其實踐運行提供了良好的內部制度基礎和依據。

綜上所述，「教授治校」在創制期（1912～1920 年）主要以德國模式為藍本，並以北大為代表。其特點就是教授掌握大學全部（學術和行政事務）的決策權，對大學進行「集體統治」。〔註67〕評議會、各科教授會為教授參與學校事務的決策管理提供了平臺和組織保障，校一級的評議會議決學校的重要事務，基層的各科教授會負責各科的教學管理，開啟了中國近代大學民主治校的新風尚。但因為民初大學數量極少，德國模式的推行十分有限。其後新成立的國立東南大學將美國模式引入和推行，並借助教育學制改革由日德向美國轉型的契機，和興辦大學的熱潮及大批留美歸國學生的聲援宣傳，迅速在教育界掀起一股潮流，將「教授治校」推向發展高峰。

第二節 「教授治校」的發展期（1921～1928）

自 1921 年國立東南大學引入美國模式到 1929 年國民政府頒行《大學組織法》，壓制「教授治校」之前，為「教授治校」推行的發展高潮期。正如陶行知所言：「一切制度都是時勢之產物。學校制度亦不違反這原則。」〔註68〕「教授治校」之所以在 20 世紀 20 年代，普遍推行於多所大學，與當時的政治、社會和文化環境等多種因素密切相關。當時的中國大學正經歷由模仿德國柏林大學轉向模仿美國大學管理模式時期，尤其在東南大學率先推行美國模式，順應了北洋政府財政拮据，與大學尋求拓展經費來源渠道的現實訴求，並實現快速發展的成功案例，引起的連鎖反應，推動「教授治校」迎來發展高峰。

此時期「教授治校」在組織形式上更多體現的是美國模式，與歐洲大學的教授治校傳統有重大區別，即以董事會、評議會、教授會、行政會議等機構為基本組織形式，表現為由校外董事和大學教授共同執掌大學決策權力，是一種「教授行會與院校董事及行政管理人員的適度影響結合起來的模式」。〔註69〕

〔註67〕（加）約翰·范德格拉夫等編：《學術權力——七國高等教育管理體制比較》，王承緒等譯，浙江教育出版社，2001 年，第 199 頁。

〔註68〕陶行知：《中國建設新學制的歷史》，《陶行知全集》第 1 卷，四川教育出版社，2005 年，第 354 頁。

〔註69〕（加）約翰·范德格拉夫等編：《學術權力——七國高等教育管理體制比較》，王承緒等譯，浙江教育出版社，2001 年，第 201 頁。

注重分權管理，董事會主要負責學校與社會各界的互動聯繫及管理財政、資產等事務，對校內教學管理工作很少介入。校內事務管理主要由評議會、教授會和行政會議等機構，分別負責議事、教務和行政等事務。

一、「教授治校」普遍推行的背景

首先，20世紀20年代的中國，正處於軍閥割據、政局動盪、戰亂頻仍的時期，缺少強有力的中央統一政權，「空有共和之名，絕無共和之實」。〔註70〕南北軍閥勢力多次嘗試走袁世凱式的強人政治之路，都以失敗告終，中國南北分裂，南方與北方各省內部也分裂，全國陷入了碎片化狀態。〔註71〕直皖戰爭、兩次直奉戰爭和北伐等戰事均在此時期發生，各路軍閥忙於爭權奪利，無暇控制和發展教育文化事業，文化界的生態環境寬鬆自由。有學者將此時期稱為「無序型社會」，表現為「權力的極度擴散與混亂」和「中央政府弱小，社會力量過於分散」。〔註72〕中央統治權威相對薄弱，為學術思想的自由發展和教育改革提供了有利契機。此外，軍閥們為了籠絡人心，對大學的態度也往往採取寬容態度，例如賄選總統曹錕和奉系軍閥張作霖都有過尊師重教的軼事。〔註73〕

政治混亂、軍閥割據，又容易滋生官僚腐敗。教育部長期處於腐敗的氛圍之中，也逐漸失去了作為全國最高教育行政機關的效用。正如蔡元培在1928年的《大學院公報》發刊詞上所說：「十餘年來，教育部處於北京腐敗空氣之中，受其他各部之薰染；長部者又時有不知學術教育為何物而專鶩營私植黨之人，聲應氣球，積漸腐化；遂使教育部名詞與腐敗官僚亦為密切之聯想。」〔註74〕教育總長多由官僚政客充任，教育行政十分紊亂，引發社會不滿，學潮頻發。教育部權威喪失，令行不至，「命令之頒布往往行於一隅，不能行於全

〔註70〕陳翊林：《最近三十年中國教育史》，上海太平洋書店，1930年，第172頁。

〔註71〕蕭功秦：《從百年變革看中國新權威主義改革模式》，《武漢大學學報》（人文科學版），2016年第4期。

〔註72〕朱新梅：《知識與權力：高等教育政治學新論》，教育科學出版社，2007年，第100頁。

〔註73〕曹錕常對手下說，自己「就是一個推車賣布的老粗，什麼都不懂，辦大學就得靠教授」。張作霖曾下令，政府經費的40%投入教育，並興辦了當時頗有影響力的東北大學。參見李克、沈燕：《蔡元培傳》，北京時代華文書局，2015年，第90～91頁。

〔註74〕《《大學院公報》發刊詞》（1928年1月），高平叔編：《蔡元培教育論著選》，人民教育出版社，2017年，第557頁。

國。好權者伺其後,各挾習俗不同之說,濫發命令使一地如是」。〔註75〕教育政策朝令夕改,難以貫徹,難以發揮領導和統籌教育事業發展的應有作用,是教育部等「政府部門表現最弱」的時期。〔註76〕中央教育行政混亂,對教育的干預控制減弱,客觀上為大學倡導學術自由和進行教育民主化改革創造了寬鬆的政治環境。

其次,從 20 世紀 20 年代開始,高等教育界的教員「十分之九以上為留學生」,自然科學類的教師「更無非留學生」。〔註77〕大量海外留學生進入高等教育系統,促使教師隊伍結構發生了顯著變化,進而影響整個學術氛圍的轉向。晏陽初也明確指出:「現在所謂『新教育』,並不是新的產物,實在是從東西洋抄襲來的東西。日本留學生回來辦日本的教育;英美留學生回來辦英美的教育。」〔註78〕這些留學歸國的學生逐漸掌握大學及教育行政機構的領導權,〔註79〕並將外國教育思想折衷地引人到中國教育界,通過借鑒歐美大學教育制度和辦學理念,來構建中國現代大學制度,「中國教育思想的發展比以前更為成熟和獨立」。〔註80〕

自「一戰」之後,德國成了戰敗國,日本獨霸中國的意圖也日漸明顯,尤其在巴黎和會、「二十一條」等問題上的露骨侵略行徑,更是激起國人的極大憤慨,日德教育制度在中國的影響開始減弱,美國教育制度理念的影響則日益突出。〔註81〕在此時期,歸國留學生中留美生佔了很大比例,這與美國退還部

〔註75〕劉建:《中國近代教育行政體制研究》,上海教育出版社,2014 年,第 109 頁。

〔註76〕蘇雲峰:《中國新教育的萌芽與成長(1860~1928)》,北京大學出版社,2007 年,第 38 頁。

〔註77〕舒新城:《近代中國留學史》,中華書局,1928 年,第 212~213 頁。

〔註78〕晏陽初:《平民教育與鄉村建設運動》,商務印書館,2014 年,第 184 頁。

〔註79〕自 1911 年清華學堂開辦,至 1929 年清華留美預備部結束,共計派送留美學生 1279 人。歸國的留學生大多數人選擇從事教育事業,截止 1925 為止,清華留美歸國學生約 620 人,從其職業分布來看,教育界占 33.78%,工程實業界占 15.8%,政界占 14.28%,商界占 11.9%,醫界占 2.4%,新聞界占 0.96%,軍界占 0.64%,其他各界占 1.7%,無職業的 4.66%。參見清華大學校史編寫組編:《清華大學校史稿》,中華書局,1981 年,第 68~70 頁。其中郭秉文(南高師、東南大學校長)、蔣夢麟(北大代理校長)、鄧萃英與李建勳(兩人在 1920 至 1924 年先後任北京高等師範學校校長)等人執掌校政,而陶行知、陳鶴琴、孟憲承、朱君毅、汪懋祖、廖世承等人在大學任教育學教授,也宣傳美國的教育制度和教育理論。

〔註80〕(加)許美德:《中國大學 1895~1995:一個文化衝突的世紀》,教育科學出版社,2000 年,第 78 頁。

〔註81〕劉建:《中國近代教育行政體制研究》,上海教育出版社,2014 年,第 279 頁。

分庚款用於留學教育有很大關係。隨著大批留美學生歸國任教，創辦教育團體和刊物，宣傳美國大學的制度理念，強調大學服務社會的職能，加強與社會的溝通聯繫，教育界很快形成一股濃厚的仿美氣氛，美國現代大學理念迅速取代德國的經典大學理念。〔註82〕美國著名教育家杜威（John Dewey）〔註83〕、孟祿（Paul Monroe）相繼來華考察教育和講學，宣傳其教育理論，又起到了推波助瀾的作用，「全國教育思潮為之一變」。〔註84〕民主治校、學術自由和服務社會的大學理念成為各大學追求的目標。

與此同時，20世紀20年代初期，北洋軍閥為爭奪中央政權而互相征伐，戰爭不斷，「軍費急如星火，平時國家收入半以養兵，猶嫌不足，戰釁一起，更盡所有挪充軍需」，〔註85〕教育經費被挪用作軍費成為一時之常態。加上缺乏健全的監督機關，中央應收的地方稅，又往往被各省地方截留，造成中央財政收入困難。〔註86〕1919至1920年間，教育經費為670餘萬元，僅占中央政府財政總預算的1%，而軍費占比則達到了42%。1923至1924年間，在直奉軍閥擴軍對抗的背景下，軍費占比更猛漲到71%。〔註87〕教育經費所佔比例甚小，又經常被挪用，造成政府難以按時下撥，拖欠學校經費、積欠教職工薪資現象，屢屢發生，使得北洋政府與教育界的矛盾日益尖銳化，請願、罷教、罷課風潮此起彼伏。為維持教育的正常運行，教育界更發起了「索薪」運動和爭取「教育獨立」〔註88〕的鬥爭。

而美國大學教育的特點就是更注重實用主義和面向社會、服務地方經

〔註82〕周谷平等：《中國近代大學的現代轉型：移植、調適與發展》，浙江大學出版社，2012年，第23頁。

〔註83〕杜威自1919年5月抵達上海，「在中國過了二年零兩個月的生活，走遍十一行省，講演稿多至十幾種，對於教育革新的言論，給中國人士以強烈的興奮」。參見陳青之：《中國教育史》，商務印書館，1936年，第740頁。

〔註84〕汪懋祖：《中華教育改進社的緣起》，《新教育》第5卷第3期，1922年10月，第343頁。

〔註85〕程湘帆：《中國教育行政》，商務印書館，1932年，第304頁。

〔註86〕尹文敏：《我國財政困難之原因及其整理之方法》，《東方雜誌》第21卷第17期，1924年9月10日，第19頁。

〔註87〕蘇雲峰：《中國新教育的萌芽與成長（1860～1928）》，北京大學出版社，2007年，第101頁。

〔註88〕教育史家舒新城認為，教育界在此時期提出的「教育獨立」思想含義有五：「一為教育經費獨立，二為教育事務獨立，三為教育離政治而獨立，四為教育離宗教而獨立，五為高等教育之學術獨立。」參見舒新城：《近代中國教育思想史》，中華書局，1928年，第278頁。

濟，與地方社會聯繫緊密。〔註89〕為了尋求社會贊助，加強與社會的互動聯繫，以解決經費短缺問題，獲取更好地發展，1921年新建立的國立東南大學，率先在國立大學中引入美國董事會制。〔註90〕同時又設立評議會、教授會等組織機構，保證教授參與校務決策管理，確立了美國「教授治校」的模式。東南大學依託新體制取得了很大成績，迅速成為其他大學傚仿的對象。而20世紀20年代初期形成的「教育獨立」思潮，強調「教育事業當完全交與教育家，保有獨立的資格，毫不受各派政黨或各派教會的影響」；「大學的事務，都由大學教授所組織的教育委員會主持」。〔註91〕這些主張的提出也為「教授治校」的推行營造了良好的社會氛圍。

第三，1922年「壬戌學制」的頒行，推動了單科專門學校改設興辦大學的熱潮，為《大學令》中「教授治校」相關規定的推行提供了更多的實踐平臺。

辛亥革命以後，中國的國立大學在十年間並未增添，一直到20年代才有所改觀。據何炳松統計，至1922年，全國國立大學共有五所，即北京大學、

〔註89〕如在20世紀初，威斯康星大學校長范‧海斯（Charles Richard Van Hise），基於美國大學在社會經齊、文化發展中的地位和作用，提出大學除了教學、科研等主要職能外，「更為重要的是，作為一所州立大學，它必須考慮每一項社會職能的實際價值」，「服務應該成為大學的唯一理想」。將大學的社會服務功能予以明確化，推動了美國高等教育的蓬勃發展。參見潘懋元主編：《現代高等教育思想的演變──從20世紀至21世紀初期》，廣東高等教育出版社，2008年，第38頁。

〔註90〕細分而言，美國大學董事會主要存在兩種形式：一種是以哈佛大學為代表的「雙會制」：監事會和董事會，兩會成員除校長外，全部來自校外人員，監事會負責管轄財產、管理學院事務；董事會則負責制定規章，包括任命校長；監事會不參與創制規則，但董事會制定的規定、特別是重大決定必須經由監事會同意具合法性。另一種是以耶魯大學為代表的「單一董事會制」，成員除校長外，一般也都由校外人員擔任。目前，美國的大學除哈佛、威廉一瑪麗學院等極個別學校外，絕大多數大學都實行與耶魯類似的「單一董事會」模式。美國公立、私立大學的董事會成員及其選擇方式存在很大差異。私立大學的董事會成員主要由學校自己挑選聘任，成員由校外工商界人士、校長、行政人員和校友組成，遴選方式主要有兩種：第一種是由現有董事會成員共同選舉；第二種是校友選舉。公立大學，由於董事會以公共信託為基礎、以全州人民的公共利益為服務目標，故其成員往往被視同公務員，遴選方式為公眾選舉、州長提名──州議會同意、州議會選出──州長任命、相關學會和校友會推選等方式。參見郭為祿、林炊利：《大學運行模式再造──大學內部決策系統改革的路徑選擇》，上海教育出版社，2012年，第82頁。

〔註91〕蔡元培：《教育獨立議》，《新教育》第4卷第3期，1922年3月，第317、319頁。

北洋大學、交通大學（分三處）、東南大學、上海商科大學；省立大學則有兩所，即山西大學和鄂州大學（武昌）。〔註92〕而中國近代最初的學制改革，脫胎於日本。1912至1913年間，民國政府所頒布的一系列教育法令，通稱「壬子——癸丑學制」，也主要依循清末舊法參照日本學制而定。20世紀20年代初，英美影響漸取優勢，尤其是在高等教育領域。〔註93〕教育界也順勢掀起了一場改革學制運動，進而推動了大學教育的改革和發展。

1922年9月，教育部在北京召開全國學制會議，決定仿傚美國學制進行改革，於11月2日發布了《學校系統改革案》，即「壬戌學制」，改變了原先仿傚日本學制的辦法，而全改美制。在高等教育方面規定，「大學校設數科或一科，均可。其單設一科者稱某科大學校，如醫科大學校，法科大學校之類」。〔註94〕改變了《大學令》中要求兩科以上方可稱為大學的規定，從而推動了單科專門學校（如法政、醫學、農業、工業、商業等）改設大學的風潮。夾在高中與大學之間的專門學校逐漸失去其存在意義，「昔日所稱為專門學校的，因為收納高中畢業學生的原故，而一律改稱為大學」。〔註95〕據何炳松統計，單就改辦的公立大學而言：

> 有北京工業專門學校所改成的工業大學，北京法政專門學校所改成的法政大學，北京農業專門學校所改成的農業大學，北京醫學專門學校所改成的醫科大學，這都是民國十二年間的事。國立北京高等師範學校和北京女子高等師範學校亦都於同一年中改成北京師範大學和北京女子師範學校。清宣統三年來所設立的北京清華學校，亦從民國十年後廢止中等科改辦大學，於民國十四年正式成立。東三省方面亦於十二年把原有瀋陽高等師範學校改設東北大學，廣東亦於十三年把原有的廣東高等師範學校及前一年改設的省立法科大學等合併而成廣東大學。其他如武昌、成都等處的高等師範學校亦都同時改制。南京高等師範學校亦於十二年並歸民國十年所設的

〔註92〕何炳松：《三十五年來中國之大學教育》，莊俞、賀聖鼐編：《最近三十五年之中國教育》，商務印書館，1931年，第99頁。如果加上由外交部主管的清華學校，則此時國立大學有六所。

〔註93〕黃延復：《梅貽琦教育思想研究》，遼寧教育出版社，1994年，第41頁。

〔註94〕《學校系統改革案》（1922年11月2日），璩鑫圭、唐良炎編：《中國近代教育史資料彙編·學制演變》，上海教育出版社，1991年，第990～993頁。

〔註95〕任鴻雋：《國立大學的合理化問題》，樊洪業、張久春選編：《科學救國之夢——任鴻雋文存》，上海科技教育出版社，2002年，第533頁。

東南大學。此外浙江、湖北及雲南等省都有大學的籌備。〔註96〕

從以上表述中也可以看出，中國高等教育雖在 20 世紀 20 年代初取得了較大發展，但在空間分布上極不平衡，且各大學主要由中央及地方政府上層推動，並從北京、上海等中心城市開始輻射，其中 60%集中在北京、上海。〔註97〕當然這種集聚分布也有利於形成群體效應，一校治理模式的成功經驗，較容易為他校所吸收，客觀上有利於「教授治校」的推廣。北京的高等教育機構（公私立大學、獨立學院、專科學校等）在 1922 年達到了 40 所，學生人數有 15440 人。〔註98〕至 1925 年時，全國大學有 47 所，學生 2 萬多人，其中公立大學的數量大幅增加，國立大學有 20 所，省立大學 10 所，私立大學也有 13 所之多，大學教職員有 3762 人，大學數量和教職員人數分別是民國初年的 11 倍和 16 倍。〔註99〕新設或改辦大學的不斷創立和相對集聚化的特點，為「教授治校」的普遍推行提供了有利條件。

最後，五四新文化運動之後，「舊日一切制度和信仰均根本發生動搖，而歐化得以紛紛輸入」。〔註100〕借助對民主、科學的廣泛宣傳，及對深層次封建思想文化的批判，崇尚自由民主、科學理性成為社會普遍的價值追求，這與現代大學追求民主管理、學術自由的理念高度契合。同時，西方先進教育理念的廣泛傳播，和全國範圍內掀起對傳統教育制度觀念的批判運動，也推動了教育民主化和現代化的進行。

大學師生對舊有的少數人集權獨裁的管理體制日益不滿，提倡校內民主管理與自治成為一種重要趨勢。周鯁生在 1922 年起草的湖南大學組織草案中就強調，「新設大學中，以用人行政之權（甚至於任免教授之權）全委於校長者，幾為普通現象」，但「大學為講學團體，此團體之命運，即當操於講學者自身之手」。〔註101〕蔡元培、蔣夢麟等人在籌辦杭州大學的意旨書中，也主張

〔註96〕 何炳松：《三十五年來中國之大學教育》，莊俞、賀聖鼐編：《最近三十五年之中國教育》，商務印書館，1931 年，第 97 頁。

〔註97〕 （美）葉文心：《民國時期大學校園文化（1919～1937）》，馮夏根、胡少誠等譯，北京：中國人民大學出版社，2012 年，第 2 頁。

〔註98〕 （美）沙培德：《戰爭與革命交織的近代中國（1895～1949）》，高波譯，中國人民大學出版社，2016 年，第 152 頁。

〔註99〕 田正平：《調適與轉型：傳統教育變革的重構與想像》，人民教育出版社，2016年，第 371 頁。

〔註100〕陳翊林：《最近三十年中國教育史》，上海太平洋書店，1930 年，第 173 頁。

〔註101〕周鯁生：《湖南大學組織令草案及說明書》，《太平洋》第 3 卷第 5 期，1922年，第 4 頁。

「以學校行政與學術之權，畀諸全體教授」，實行「教授治校」。〔註102〕這些建議主張為推進大學內部管理體制的改良，提供了理論基礎。與此同時，大學教授等知識分了借助大學、社團和報刊傳媒等公共網絡，與城市資產階級建構起了一個足以與中央權力相抗衡的民間社會，〔註103〕在社會上的影響力甚大，為維護學術自由獨立，「教授治校」的推行，抵抗政治勢力的干預滲透提供了後盾保護。

二、美國模式的本土化實踐

為了解決經費短缺問題，尋求社會贊助，拓展經費來源渠道，1921年新成立的國立東南大學（以下簡稱東大），通過移植借鑒美國大學「教授治校」模式，率先在國立大學中設立董事會。但董事會僅為議事諮詢機構，對於「校務負輔助指導之責」。〔註104〕職權主要有兩項：「（1）輔助學校之進行；（2）保管私人所捐之財產」，〔註105〕權力並不大。為了發揮教授在學校事務決策管理上的作用，東大又設立了評議會、教授會和行政委員會等機構。校長只管大政，具體校務管理則由以上三會，分別負責學校的議事、教學和行政事宜（第三章將詳述）。

東大依託新體制，獲得了社會各界的贊助支持，迅速成長為一所與北大齊名，且學科門類齊全、規模最大的綜合性大學，時有「北有北大，南有東大」、「東南最高學府」之譽。〔註106〕由東大開啟的新模式，迅速成為其他大學傚仿的對象，如交通大學、國立自治學院、清華學校、國立廣東大學等校，以及未能成行的湖南大學和杭州大學，均集中體現了移植借鑒美國模式的一面。限於缺乏其他一些大學的資料，以下主要選取上述幾所予以評述，以觀察其組織結構設計、運作模式及在發展過程中出現的一些問題。

〔註102〕杭州大學董事會：《杭州大學意旨書》，《北京大學日刊》第1198號，1923年3月27日，第3版。

〔註103〕許紀霖：《近代中國知識分子的公共交往》，上海人民出版社，2008年，第21頁。

〔註104〕《改南高為東南大學計劃及預算書》（1920年），上海財經大學校史研究室編：《郭秉文與上海商科大學》，上海財經大學出版社，2010年，第144頁。

〔註105〕《國立東南大學董事會簡章》（1921年1月），中國第二歷史檔案館藏，國立中央大學檔案，檔案號：648-317。

〔註106〕張雪蓉：《美國影響與中國大學變革（1915～1927）——以國立東南大學為研究中心》，華齡出版社，2006年，第6頁。

（一）交通大學與國立自治學院

中國的民族工商業在「一戰」期間獲得了很大發展，「實業救國」也成為一股強大的思潮。但實業技術人才的養成與訓練需要有專門的教育機構來培養，這也為此類大學的興辦提供了背景式的需求。

1. 交通大學

1920 年 12 月，交通總長葉恭綽向內閣提交了創辦交通大學的提案，建議「為增進交通人材，改革交通教育起見，擬以上海、唐山、北京四校合併為交通大學。」〔註107〕經閣議通過後，葉恭綽便著手整頓成立交通大學。1921 年 2 月，交通大學正式成立，葉恭綽自兼校長，內設大學部、專門部、附屬中學和特別班。

交通大學依照《大學令》等教育法規，並借鑒了北大、東大等校的組織結構模式，制定了《交通大學大綱》。大綱對學校的經費、學制、學程、董事會、評議會、行政會議、教務會議和各科教授會等方面，作了詳細的規定。交大董事會的職權與東大相當，負責籌劃經費、監督財政、核定學科與規章和推舉校長等事務；董事認定資格為「有工業或經濟專門學術者；富有教育經驗者；曾辦理交通事業卓著成績者；捐助鉅款於本大學者」，比東大多出了「辦理交通事業卓著成績者」，突出了交通大學的特色。而當涉及校務討論時，則由評議會決議。評議會由以校長、教務長、事務長及各科科長和教授互選代表若干人組成，職權為：「（1）訂定及修改各種規章；（2）討論一切興廢事宜；（3）議決各教科之設立及廢止；（4）審核財務；（5）審議董事會、校長或學校主任諮詢事項。」交大評議會職權中有「審核財務」「審議董事會、校長或學校主任諮詢事項」之權，從而形成對董事會、校長等方的權力制衡，比東大評議會的權力稍重。

由於交大規模不大，教員較少，故未設立校級的教授會，而仿照北大，設

〔註107〕提案中還指出了交通部已設立的四所學校，即北京郵電學校、鐵路管理學校、唐山專門工業學校、上海專門工業學校辦學管理中存在的問題。「年來所造就之人材，究不敷用；且所學成之技術，亦間有不能適用之點。其故在四校散設各處不相聯屬，教授管理各為風氣，監督既不能周，糾正亦遂乏術。又四校並設，其中科目有彼此俱設者，亦有彼此俱缺者，有應增而不增，有可省而不省者，既嫌複雜，又病缺略，精神既渙，成績難期。」參見葉恭綽：《閣議創辦交通大學提案文》（1920 年），《交通大學校史》撰寫組編：《交通大學校史資料選編（1896～1937）》第一卷，西安交通大學出版社，1986 年，第 347 頁。

立了各科教授會，「由各科教授、助教、講師組織之，規畫本科教授上之事務」；「各科科長，由本科教授會教授互選之」。行政會議由校長、教務長、各常設行政委員會委員長等組成，負責協助校長規劃行政事務；各常設的行政委員會，如組織委員會、預算委員會、任用委員會、圖書委員會等，具體負責相應事務，「各委員會委員，由校長從教員中指任」，但須「徵求評議會同意」。〔註 108〕與東大相比，交大雖沒有設立校級的教授會，但設立的「評議會、行政會議，審議一切規章」，〔註 109〕教授治校」的原則理念在交通大學已初步確立。但我們也應注意到，交大評議會對於會員中教授代表的人數未作出具體限定，如果教授代表人數少於校長等其他行政人員數量，一定程度上也弱化了教授參與治校的權力，因限於史料缺乏和交大推行此制較短，暫無從得知其具體人員的比例。

但在 1922 年 5 月 14 日，內務總長高凌霨兼代交通總長後，〔註 110〕為了肅清和打擊葉恭綽、梁士詒等「交通系」〔註 111〕對交大的影響，〔註 112〕向大總統徐世昌呈文建議修改《交通大學大綱》，取消董事會，改由交通部作為最高監督機關，加強對交大的干預控制。高凌霨在呈文中強調，交大未成立前的各分校均由交通部直轄，經費也由交通部撥發，「現雖改為大學；自當仍以本

〔註 108〕 《交通大學大綱》（1921 年 2 月），《交通大學校史》撰寫組編：《交通大學校史資料選編（1896～1937）》第一卷，西安交通大學出版社，1986 年，第 349～354 頁。

〔註 109〕 《交通大學組織之內容》，《申報》，1921 年 2 月 20 日，第 7 版。

〔註 110〕 高凌霨為直系軍閥曹錕的紅人。1922 年 5 月，第一次直奉戰爭結束，直勝奉敗，奉軍撤出關外。因此次戰爭係由交通總長葉恭綽等人煽動醞釀而成，遂將葉恭綽、梁士詒等人褫職，由內務總長高凌霨兼代交通總長。參見劉紹唐主編：《民國人物小傳》第 6 冊，生活・讀書・新知三聯書店，2015 年，第 234 頁。

〔註 111〕 交通系，以梁士詒為首腦，其成員有葉恭綽、朱啟鈐、周自齊、龍建章、徐恩元、王景春、任鳳苞、關冕鈞、陸夢熊、陳懋鼎、沈雲沛、梁鴻志、權量、汪有齡、陳振先、程克、曲卓新、鮑星槎等官僚、政客或財閥。後曹汝霖任交通總長兼交通銀行總經理，在交通部門安插黨羽，形成了所謂新交通系。參見蔡鴻源、徐友春主編：《民國會社黨派大辭典》，黃山書社，2012 年，第 255 頁。

〔註 112〕 1921 年 3 月，交通大學設立董事會，第一屆董事成員為：「嚴修、唐文治、張謇、梁士詒、葉恭綽、徐世章、陸夢熊、沈琪、劉成志、廓孫謀、關賡麟、鄭洪年，凌鴻勳、孫鴻哲、劉景山、黃霈如、鍾鍔等十七人」。參見《交通大學董事會會議記要》（1921 年 3～11 月），《交通大學校史》撰寫組編：《交通大學校史資料選編（1896～1937）》第一卷，西安交通大學出版社，1986 年，第 357 頁。

部為最高監督機關」，「原定《大綱》內董事會一項，自可不必設」。〔註113〕在徵得同意後，交通部即發布部令，表示：「交通大學為本部直轄學校，與公私立者不同，當然以本部為最高監督機關，所有教育之方針，學科之規定，與夫籌畫經費，任用職員，自屬本部職權，並無另設董事會之必要。」〔註114〕高凌霨又選派交通部參事陸夢熊接替葉恭綽兼任交大校長。陸夢熊就任校長後，即著手對原《大綱》進行修正，並上呈教育部，由高凌霨提交國務會議通過。

新頒布的《修正交通大學大綱》〔註115〕較之於原《交通大學大綱》，最為明顯的便是取消了董事會，其他方面並無太大變化。評議會的職權中也將第5條「審議董事會、校長或學校主任諮詢事項」，改為「審議校長或學校主任諮詢事項」。董事會取消後，其職權為評議會所繼承。評議會權力大為增強，無疑成了全校最高的權力機構。

但葉恭綽等「交通系」勢力顯然不願意放棄對交大的控制，《修正交通大學大綱》頒布後，交通大學便發生了「董事會之爭」與「驅陸學潮」。〔註116〕為了盡快平息風潮，1922年7月6日，交通部正式將交大改設為兩校，「上海一校名曰：交通部南洋大學，唐山一校名曰：交通部唐山大學。各設校長，均直轄於本部」。〔註117〕同時重新制定了《交通部直轄大學通則》，對內部組織

〔註113〕 《兼代交通總長高凌霨報〈修正交通大學大綱〉呈大總統文》（1922年5月），《交通大學校史》撰寫組編：《交通大學校史資料選編（1896～1937）》第一卷，西安交通大學出版社，1986年，第373頁。

〔註114〕 《交通部令》（1922年5月），《交通大學校史》撰寫組編：《交通大學校史資料選編（1896～1937）》第一卷，西安交通大學出版社，1986年，第373頁。

〔註115〕 《修正交通大學大綱》（1922年5月），《交通大學校史》撰寫組編：《交通大學校史資料選編（1896～1937）》第一卷，西安交通大學出版社，1986年，第374～377頁。

〔註116〕 事件大致經過為：5月14日，陸夢熊兼任交通大學校長，同日，交通部呈報《修正交通大學大綱》得大總統批覆同意，取消了董事會。學校師生對此表示反對，引發「驅陸」學潮。新上任的交通總長高恩洪口頭允諾恢復董事會，迫使陸夢熊辭職，陸夢熊任職前後僅一個月。至6月10日，學校開始復課。6月15日，交通部又委派關賡麟為交通大學校長，時學校「驅陸學潮」尚未平息，「董事會之爭」又起，學生會通電聲明：「在董事會沒有重組以前，無論何人為校長，概不承認。」為平息風潮，6月22日，國務會議決定將交通大學上海、唐山兩校分立，即分設交通部南洋大學、交通部唐山大學。參見陸陽：《唐文治年譜》，生活·讀書·新知三聯書店，2013年，第269頁。

〔註117〕 《交通部訓令》（1922年7月6日），《交通大學校史》撰寫組編：《交通大學校史資料選編（1896～1937）》第一卷，西安交通大學出版社，1986年，第384頁。

機構作了新的改組調整，重新恢復了校董會。但職權被大為縮減，僅為「（1）計劃並扶助學校之進行；（2）稽察財政及校產」兩項。校董人員也有嚴格的限制，由 15 人組成，其中交通總長延聘和委派各五人，餘則由校長、教員及交大出身者組織選舉會，公推五人。由於交大改設兩地辦學，各校規模較小，組織結構也相對簡單，故原先的評議會、各科教授會、行政會議等機構也被取消。〔註118〕依此大學通則，交通大學的校內機構大為簡化。校長以下設教務長「統率各科長、各教員，專任關於教務上之職務」；事務長「統率文牘、會計等股，辦理校中設備上及行政上一切職務」。〔註119〕校務大權集中在校長、教務長和事務長等少數人手中，「教授治校」的理念與組織保障已不復存在。

2. 國立自治學院

除交大外，1923 年，張君勱建議在上海設立國立自治學院，以「發達人民政治品格及行政知識」，培養地方自治人才。此建議得到了江蘇省省長韓國鈞，以及張謇、袁希濤、沈恩孚、黃炎培等社會各界名流的大力支持。韓國鈞還特意從每年的江蘇省年度預算中劃撥 8 萬元，作為國立自治學院的常年經費，並聘請張君勱為院長，主持學院的創辦工作。〔註120〕

國立自治學院的組織結構，主要仿傚東南大學的體制模式，校外由董事會，校內則設有評議會、教務會議、總務處等機構，注重分權管理，評議會負責議事，教務會議負責教務事務，總務處負責行政事項。

董事會的額定人員為 30 人，初開辦時由省長聘任，院長為當然董事。董事任期六年，每二年改選三分之一，另選舉三人作為常務董事，任期二年。董事會的職權為推薦院長、審核預決算、決定學院進行計劃等事項。每年二月、七月各開會一次，由院長或常務董事定期通知召集，遇必要時得開臨時會議。〔註121〕校內各項事務的具體管理，則由設立的評議會、總務處和教務處

〔註118〕《交通部直轄大學通則》（1922 年 7 月），《交通大學校史》撰寫組編：《交通大學校史資料選編（1896～1937）》第一卷，西安交通大學出版社，1986 年，第 384～388 頁。

〔註119〕《本校改組情況》（1922 年 10 月），《交通大學校史》撰寫組編：《交通大學校史資料選編（1896～1937）》第一卷，西安交通大學出版社，1986 年，第 390 頁。

〔註120〕鄭大華：《張君勱傳》，商務印書館，2012 年，第 128 頁。

〔註121〕《國立自治學院董事會規則》（1923 年 12 月 18 日），中國第二歷史檔案館編：《中華民國史檔案資料彙編》第 3 輯·教育，江蘇古籍出版社，1991 年，第 247 頁。

等機構負責。評議會為國立自治學院的議事機關，職權十分廣泛，負責審議和決議：「（1）院內各項規則之訂定；（2）預算之編制；（3）關於本學院行政上興革事項。」評議會中，除了院長、事務長、教務長三人為當然會員外，其餘會員由全體教員互選六人充之，教師代表人數占絕對多數，保障了教員在學校事務決策中的主導地位。評議會還設秘書一人，也由大會互選產生；評議會的會員任期為一年，連舉可以連任。學院聘任新教授，也「由院長得評議會之同意聘任之」。〔註122〕

國立自治學院設立的總務處，負責學院的行政事務。教務會議則「以全體教員為會員」，實際充當教授會的角色，負責學校的教務管理。如在1924年12月6日，教務會議召開會議，因各省中學教育程度太低，教授學生時有諸多困難，遂決定增加學生修業年限，並「議決組織學制改革委員會，從事修改，將修業年限改為五年」。〔註123〕從中也可看出教務會議在學校教學管理中的地位。學校的規模較小，1924年初，學院共招收學生120人，其中三分之二為江蘇籍學生。〔註124〕1925年10月，經國務會議通過改稱國立政治大學，仍由張君勱為校長。〔註125〕1927年2月，北伐軍到達上海前，國立政治大學停辦，張君勱也轉為潛心著述。〔註126〕

1922年10月由東南高等師範專科學校改組而成的上海大學，學校行政也體現了「集中領導、民主辦校」的宗旨。1923年8月8日組成了評議會，作為學校的最高議事機關，處理學校重大事務。評議會由于右任、葉楚傖、陳德徵、鄧中夏、瞿秋白、洪野、周頌西、馮子恭、陳望道和邵力子組成。8月12日，評議會議決組織校董會，聘請孫中山為名譽校董，蔡元培、汪精衛、李石曾、章太炎、張繼、張靜江和馬君武等為校董。12月，評議會重新頒布章程，並改評議會為行政委員會，以校長于右任為委員長，校務長鄧中夏為秘書，教務長兼社會學系主任瞿秋白、學務長兼英國文學系主任何世楨、中國文學系主任陳望道、美術科主任洪野和教職員代表等為委員。〔註127〕以後學校行政

〔註122〕 《國立自治學院章程》（1923年9月），中國第二歷史檔案館編：《中華民國史檔案資料彙編》第3輯‧教育，江蘇古籍出版社，1991年，第237～239頁。
〔註123〕 《國立自治學院改革學制》，《新聞報》，1924年12月6日，第4張第1版。
〔註124〕 鄭大華：《張君勱傳》，商務印書館，2012年，第128頁。
〔註125〕 《自治學院改稱國立政治大學》，《時報》，1925年10月4日，第2版。
〔註126〕 《市黨部接收政治大學》，《申報》，1927年3月26日，第7版。
〔註127〕 《上海高等教育志》編纂委員會編：《上海高等教育志》，上海社會科學院出版社，2010年，第162頁。

委員會雖多次改組，但基本格局未變。上海大學在當時具有廣泛的革命影響，為中共和革命事業培養了許多優秀幹部，直至 1927 年 5 月被南京國民政府強行解散。

（二）湖南大學組織令草案與《杭州大學意旨書》

在北大、東大等校建立「教授治校」的成功典範後，各省也趁著興辦大學的熱潮，紛紛創立省立大學，傚仿其體制經驗。其中由周鯁生草擬的《湖南大學組織令草案》和蔡元培、蔣夢麟等人擬定的《杭州大學章程》，均集中體現了「教授治校」的原則理念，雖因時局、經費等多種因素影響而終未成行，但其歷史意義不容忽視。

1.《湖南大學組織令草案及說明書》

20 世紀 20 年代，憲政思潮和聯省自治運動盛行一時，湖南省表現得最為突出，也最為成功。〔註 128〕1922 年 1 月 1 日，湖南省議會公布了《湖南省憲法》，其中第七十九條提出要在木省「設立大學一所」。〔註 129〕當時湖南省尚未有一所真正的大學，原有的湖南高等師範學校在 1917 年就已停辦。〔註 130〕為了辦好新大學，湖南當局專門委任在海外及在南方有創設大學計劃的周鯁生〔註 131〕，負責草擬湖南大學組織案。

〔註 128〕（美）沙培德：《戰爭與革命交織的近代中國（1895～1949）》，高波譯，中國人民大學出版社，2016 年，第 156 頁。

〔註 129〕《湖南省憲法》（1922 年 1 月 1 日公布），李鐵明主編：《湖南自治運動史料選編》，湖南師範大學出版社，2012 年，第 106 頁。

〔註 130〕湖南高等師範學校，原稱湖南優級師範學堂，係 1907 年湖南巡撫俞廉三遵照奏定學堂章程籌設的，校址由舊貢院改建。辛亥革命後，由舊嶽麓書院改建的湖南省高等學堂，依照新學制停辦，將優級師範改名高等師範，遷入舊嶽麓書院。到 1916 秋，北京教育部採用分區設立高等師範辦法，湖南劃在武昌範圍之內，隨將本省高師辦完。高師的第二期本科和文史專修科，均於 1917 年暑假畢業，遂遵照部令停辦，不再招生。參見甘融：《湖南高等師範學校簡述》，湖南省教育史志編纂委員會編：《湖南近現代名校史料》第 1 冊，湖南教育出版社，2012 年，第 342 頁。

〔註 131〕周鯁生（1889～1971），中國近現代法學家、教育家，原名周覽，湖南長沙人。早年留學日本、英國、法國，獲巴黎大學法學博士學位。辛亥革命時，參加同盟會，創辦《民國日報》宣傳民主革命思想，反對袁世凱反動統治。1921 年，任上海商務印書館編輯所法制經濟部主任，1922 年秋任北京大學教授兼政治系主任。1928 年與李四光、王星拱發起籌建武漢大學，後任該校教授，1945 年任校長。參見教育大辭典編纂委員會編：《教育大辭典》第 10 卷，上海教育出版社，1991 年，第 265 頁。

周鯁生是著名的法學家，並在巴黎大學取得了法學博士學位，對西方教育法規自然了然於胸。而他又求學於「教授治校」的發軔地——巴黎大學，耳濡目染中也極為推崇「教授治校」的制度理念。1922 年 3 月 6 日，周鯁生發表了草擬的《湖南大學組織令草案及說明書》，此草案集中體現了「教授治校」、大學自治的教育理念。在草案說明書第二條中就明確提出了「大學自治」的理念，認為即將創辦的湖南大學，「雖為省立，但若其內部行政，受省政府之干涉，是不惟有傷最高學府之體制，抑且有害大學個性之自由發達」。他還指出：「近世大學，無論其為國立的、地方立的，大都有脫離政府干涉，保持自治之趨勢。即我國北京大學，純屬國立，然今日校內一切職權之行使，已完全不受教育部之支配。」這些話語中也暗指了北大建立「教授治校」體制的成功典範，具有相對獨立的自治性質。

草案第六條還對中國大學管理中普遍存在校長獨裁集權的現象，作了說明和批判。「現代一般趨勢，大學行政多操諸合議機關，我國現存大學組織似呈相反傾向。新設大學中，以用人行政之權（甚至於任免教授之權）全委於校長者，幾為普通現象」，並列舉了校長獨裁存在的諸多弊端：「有傷民主的組織原則，其一。校長一人對於學府之繁難問題，所見不能周到確實，其二。失去教員直接參與職權行使之機會，致其對於校事，冷淡而不關懷，其三。大權寄於一人，校長之賢愚去就，不免影響於大學之興衰，非所以鞏固大學基礎，其四。至校長權力之大，外部覬覦校長地位之風；而於校長自身，則不免啟其專橫用事之漸，猶其弊害之次者也。」周鯁生在指出校長獨裁所引發諸多問題的同時，也給出了具體的解決方案。「大學為講學團體，此團體之命運，即當操於講學者自身之手」，故新設立的湖南大學，應當「排棄校長獨裁之制，而以大學內部職權，寄重於合議組織機關之大學評議會。校長不過其決議之執行者而已」。〔註 132〕其中要求大學管理權「當操於講學者自身之手」，組織評議會等內容，也是對「教授治校」制度理念的具體表達和詮釋。

按照「教授治校」、大學自治的主旨思想，周鯁生制定了「湖南大學組織令草案」，對湖南大學的內部組織機構設置，如校董會、評議會、分科教員會（類似於各科教授會）的職權、人員構成等內容作了詳細規定。見下表：

〔註 132〕周鯁生：《湖南大學組織令草案及說明書》，《太平洋》第 3 卷第 5 期，1922年，第 1～4 頁。

表 2-2 《湖南大學組織令草案及說明書》中的組織結構設計

組織機構	職　權	成　員
校董會	（1）大學財產基金之管理及處分；（2）大學之維持及擴張；（3）大學預算案之裁可；（4）關於他種高等專門學校與大學合併問題；（5）對於大學內部事議為最後之處分；（6）關於大學重要問題，經校長或評議會認為須提交校董會審議者；（7）其他事件屬於校董會職權，散見於本令各條者。	省議會議長；省教育會長；教育司長；大學校長；分科教授會各選出一人；校友會選出兩人（此條大學本科第一期畢業生，依評議會規定，正式組織校友會後，實行之）；對於大學捐款特別盡力，或在社會上負有德望之人，經校董會特別推舉者，其數各不得過二人。
評議會	（1）編定大學預算案；（2）議定關於校董會決議之執行手續；（3）制定關於本令實行上一切細則；（4）審議教員之任免；（5）維持校內風紀；（6）審議學級學科之興廢及變更；（7）審議特別入學許可及學位授與問題；（8）其餘未經特定事件，由校董會委託，或校長提議，或分科教員會要求審議者；（9）其他散見於本令各條之職權。	校長；各科學長；全體教授互選若干人，但其人數，至多不得逾分科之數。評議會開會時，大學秘書長、圖書部長及會計長，均得列席發言，但只有建議權，無投票權。
分科教員會	（1）該分科課目之編定；（2）各項試驗方法之審定；（3）各種學位授與之審定，及他一切關於學位問題；（4）關於校外講演及出版事業之規畫；（5）關於學術研究特別組織設備之籌畫；（6）其他未經規定事件，而純關係學術研究者，經校長或評議會之交議，亦得審議之；（7）其他散見於本令各條之職權。分科教員會關於4、5、6各項通過案件，經校長認為須得評議會同意者，得提交評議會覆議。	各該科教授、講師。

資料來源：依據周鯁生：《湖南大學組織令草案及說明書》，《太平洋》第3卷第5期，1922年，第9～12頁製作而成。

　　從上表可知，在職員任命和權限方面，評議會享有最高的決定權，校董會則僅為輔助機構，主要負責學校財政的管理分配和審議預算。校長也由評議會先提出候選人，再由校董會從中推選任命，而且校長並無多少實權，主要負責「執行校董會、評議會一切決議事件」，「依評議會之規定任免校內事務員」，並且當「校長有故缺職時，得由評議會互選一人，暫時代理之」。大學如若推

舉名譽校長,「其推舉方法及條件,由評議會定之」。其他職員方面,各科門的主任教授,也由評議會任命,任期三年;秘書長、圖書部長也「由校長得評議會之同意任免之,得由教授兼任」。各分科學長,則「由各分科教員會就教授中逐年選舉之」,負責「執行分科教員會議決事件」。教員方面,教授、講師和助教的聘任評定,也均「由各分科教員會或主任教授提交評議會審定之」。〔註133〕可見,評議會不僅掌握著校政大權,教職員的人事任免權,乃至代理及名譽校長的人選也均由評議會商議決定,名副其實地為全校最高的權力機構。而基層的各分科教員會也掌握著各科的管理大權和分科學長的選舉權,從而保證了教授在校科兩級享有決策管理權。從以上組織結構設計來看,周鯁生擬定的湖南大學組織草案在吸收美國模式的基礎上,也有所損益。評議會為最高權力機構,教授在校科兩級事務決策管理中均居於主導地位,深刻體現了「教授治校」的本質內涵。

但遺憾的是,省立湖南大學遲至 1926 年 2 月才得以建立,周鯁生所擬定的大學組織草案並未被採納。新成立的湖南大學由湖南省省長趙恒惕提議,將湖南省已有的工、商、法三個專門學校合併改組為湖南大學,以校務會議為最高會議機關,「由校長、院長、事務主任、系主任、審計主任,及每院所選出之教授代表二人組織之」。〔註134〕雖保留了教授在校務管理中的參與決策權,但也增加了許多行政職員,也並未設立評議會、各科教員會(教授會),相對於《湖南大學組織令草案及說明書》中的結構設計,教授權力範圍已大為削弱,更多體現的是校長為首的行政職員治校。

2.《杭州大學意旨書》

除了湖南省籌備省立湖南大學外,1921 年 12 月,浙江省議會以浙江「公私立中等學校達 30 餘所,已未畢業學生達萬餘人,而所恃為升學之地者,惟法醫兩校,大學之設置,尚付闕如」為由,〔註135〕提議籌辦杭州大學,並諮請浙江省長公署執行。1922 年 12 月 30 日,浙江省議會推舉蔡元培、蔣夢麟、陳大齊、阮性存、馬寅初、鄭宗海、何炳松等 10 人為籌辦杭州大學董事,諮

〔註133〕周鯁生:《湖南大學組織令草案及說明書》,《太平洋》第 3 卷第 5 期,1922 年,第 12~14 頁。

〔註134〕湖南省政府秘書處統計室編:《湖南年鑒·民國二十二年》,長沙洞庭印務館,1934 年,第 528~529 頁。

〔註135〕國立浙江大學秘書處出版課編:《國立浙江大學一覽》,杭州正則印書館,1932 年,第 5~6 頁。

送省長聘請。〔註136〕其中蔡元培、蔣夢麟、陳大齊、馬寅初和何炳松等人皆來自北京大學，故在起草杭州大學大綱時，「教授治校」的原則理念自然也被引入其中。

　　1923 年 3 月 27 日，《北京大學日刊》專門刊載了由杭州大學董事會起草的《杭州大學意旨書》，意旨書的核心思想集中在大學經濟獨立、學術自由和行政獨立三點，並對《杭州大學章程》和計劃書草案中涉及的經費、發展程序、教授治校等諸多問題，逐條附以說明。其中第六條明確提出了「教授治校」的理念和目的：「吾國辦學，向來重視校長，而不重視教員。但一校之學術，出自教員而不出自校長。故同人等主張以學校行政與學術之權，畀諸全體教授。」計劃書還建議仿照德國大學設講座制，「以厚待遇而崇學術」，並將「發展學術之全權付諸全體教授」，「以求思想與學術自由之發展，不受外力之阻撓也」。〔註137〕

　　意旨書後所附的《杭州大學章程》，在借鑒東大的美國模式和吸收了北大的德國模式及已有的本土化實踐經驗的基礎上，對組織結構作了創新性的設置。章程中規定設立董事會，但權力並不大，具體職權也未列明。參照 1925 年 1 月發布的《籌辦杭州大學大綱》可知，董事會的職權有以下幾項：「（1）籌備開辦；（2）募集款項；（3）保管基金；（4）保管及處理本大學財產；（5）編制本大學預算決算；（6）謀大學基金之增加；（7）保障本學經濟之獨立。」大綱中還特別注明董事會「不得干預本大學學校行政及教務」，〔註138〕可見，董事會的權限僅局限於籌辦大學、募集經費和保管財產等方面，被排除在「學校行政及教務」管理之外。

　　學校的最高權力和行政機構為校政會議，類似於教授會、評議會，由全體教授或推選教授代表組成。蔡元培等人在籌辦杭州大學的諮詢建議會上，便提議：「大學設校政會議，議決及執行一切重大校政。教授人數不多時，全體均為會員，人數多時，互選若干人為會員」。〔註139〕其具體職權為審議：

〔註136〕杭州大學校史編輯委員會編：《杭州大學校史（1897～1997）》，杭州大學校史編輯委員會印行，1997 年，第 12 頁。

〔註137〕杭州大學董事會：《杭州大學意旨書》，《北京大學日刊》第 1198 號，1923 年 3 月 27 日，第 3 版。

〔註138〕《籌辦杭州大學大綱》，《北京大學日刊》第 1158 號，1923 年 1 月 18 日，第 2 版。

〔註139〕《蔡元培等對於籌辦杭州大學之意見》，《教育雜誌》第 15 卷第 3 期，1923 年 3 月 20 日，第 8 頁。

「(1）學科之編制；（2）預算之編制；（3）學位之授予；（4）提出變更章程意見書於董事會；（5）本大學行政及學術上方針之決定；（6）聘任外國教員時權利義務之規定；（7）學生訓練及懲戒；（8）其他關於全校行政上之事務」。校政會議主席也由會員互選產生，任期一年，連舉可以連任，「但不得繼續至三年以上」；各種委員會的組織設立及其職權也由校政會議議定之。〔註140〕從其權限範圍上可以看出，校政會議又類似於北京大學的評議會與行政會議的結合體。

另外，章程中還規定設立教授會，並分為學院教授會和學系教授會。學院教授會由各學院的講座教員按院組織，負責編制本院的課程，制定學生入學、升級、畢業標準及其他應行之事務。各學院設主任一人，由學院教授會互選產生，任期二年。學系教授會則由各學系全部教員按系組織，負責草定各科目之預算、籌劃設備和計劃各科目之聯絡等事務。各學系教授會主席由該系正教授充之，任期二年，如無正教授時，依次由教授、講師代理之。〔註141〕依照蔡元培的建議，「近來因校長問題而發生風潮者甚多」，故籌辦的杭州大學的校長人選仿照德國大學制度，由「校政會議，互推一人為主席，兼充大學校長。一年一任，不得直接連任。凡教授被選為校長時，得於校長任內不授功課」；如此則「校長不至為眾矢之的，亦不至為野心家爭奪之目標」。〔註142〕

從以上可以看出，蔡元培等人籌辦的杭州大學所體現出的「教授治校」制度設計，兼具美國模式（董事會）與德國模式，同時也吸收了蔡元培等人在北大實踐「教授治校」多年基礎上的改造經驗。

但事與願違，由於浙江政局動盪不定（1924年江浙戰爭爆發），加上經費難以籌措，師資缺乏等因素，杭州大學的籌辦工作困難重重。1926年7月，浙江省教育廳雖呈請省長召集董事會，繼續規劃籌辦杭州大學，但省長公署以「大學董事係有規定任期，現在任期已否屆滿，應查明再奪」為由，〔註143〕拒絕召集董事會，致使籌辦學校的董事會無形中停頓，杭州大學的籌備事宜亦隨之煙消雲散。

〔註140〕《杭州大學章程》，《北京大學日刊》第1198號，1923年3月27日，第4版。
〔註141〕《杭州大學章程》，《北京大學日刊》第1198號，1923年3月27日，第5版。
〔註142〕《蔡元培等對於籌辦杭州大學之意見》，《教育雜誌》第15卷第3期，1923年3月20日，第8頁。
〔註143〕國立浙江大學秘書處出版課編：《國立浙江大學一覽》，杭州正則印書館，1932年，第6頁。

（三）清華學校「教授治校」的初步確立

清華「教授治校」的理念，發端於「五四」新文化運動之後。隨著民主、科學，「教育獨立」思潮在全國的廣泛傳播，以及北大、東大等校「教授治校」體制改革的刺激，《國立大學校條例》對美國模式的規範與推動，清華教師的群體意識被激發出來，開始由早先不熱心校政轉而主動關心校政，反對封建家長式的管教，參與校政的能力逐步增強。

清華學校〔註144〕起源於清末美國退還「庚子賠款」開辦的留美預備學校，自創辦之日起，清華的許多事務便受到了美國因素的影響，學校的內部管理體制亦是如此，「一切以美國學校為標準，從清華園的外貌到人們的內心，無不滲透著美國化的影響」。〔註145〕清華也較早的引入了美國的董事會制，在 1917 年校長周詒春因事辭職後，北洋政府外交部為謹慎保管和支配庚款經費起見，在外交部之下特設清華學校董事會，「董事完全為外交部員，其職權專司籌備基金，核算用款，不涉及學校其他一切行政」。〔註146〕除董事會外，當時清華校內尚缺乏支持和推動「教授治校」的中堅力量，行政職員多為官員，掌握著學校的行政大權，教員地位較低，無權過問校務。早期清華在內部管理上呈現校長專權、職員治校的特點。

教師是大學辦學的主體，也是大學改革與發展的決定性因素，「教師真正參與到改革的計劃和執行過程中是非常必要的」，他們的「創造力和努力是成功的關鍵」。〔註147〕20 世紀 20 年代初期，大批留美學生學成歸國，清華作為大多數留學生的母校，〔註148〕來此任職者絡繹不絕。這些留美生深受美國自

〔註144〕清華學校的發展史可分為遊美肄業館（1909 年 7 月至 1910 年 12 月），清華學堂（1910 年 12 月至 1912 年 11 月），清華學校（1912 年 11 月至 1925 年）和創辦大學部新舊制並存（1925 年至 1928 年）四個時期，期間一直由外交部主管。南京國民政府接管清華後，於 1928 年改為「國立清華大學」。參見蘇雲峰：《從清華學堂到清華大學（1911～1929）》，生活·讀書·新知三聯書店，2001 年，第 15～23 頁。

〔註145〕清華大學校史編寫組編：《清華大學校史稿》，中華書局，1981 年，第 27 頁。

〔註146〕《清華學校的董事會》（1922 年 4 月），清華大學校史研究室編：《清華大學史料選編》第 1 卷（清華學校時期），清華大學出版社，1991 年，第 248 頁。

〔註147〕（美）詹姆斯·杜德斯達：《21 世紀的大學》，劉彤等譯，北京大學出版社，2005 年，第 228 頁。

〔註148〕據統計，自 1911 年清華學堂創立起至 1929 年清華留美預備部結束，先後選送和培養的留美生（含直接留美生和專科生）計有 1099 人。參見江崇廓等編：《清華大學》，湖南教育出版社，1995 年，第 8 頁。

由主義、實用主義教育觀念的影響，歸國後，成為中國現代教育改革的重要推動者，而其中大部分人選擇回到母校清華任教。同一時期北大、東大等校在改革體制後，發展突飛猛進，深深刺激著關心清華發展的教師，尤其是留美歸國的「少壯派」教員，對清華的停滯狀態甚為不滿，反對行政寡頭治校。在此背景下，清華「少壯派」教員開始著手推動清華的體制改革，提高學術地位，增強教師參與校務決策管理的權力。

1920 年 2 月，清華學校設立教職員會議，作為校長的諮詢機關，「襄助校長以謀本校利益之增進為宗旨」，成員由校長、副校長、中文部和西文部教務主任，及中文部、西文部全體教員組成。權力並不大，職權僅限於支配本校教務上預算、教科之組織及擴張、學生入學修業及畢業後處置和學校改良等四類事項，〔註 149〕但畢竟打破了以往教員不干涉校務的傳統和校長專權的局面。1922 年 4 月，曹雲祥出任清華校長後，又接受了師生建議，相繼設立了「調查委員會」（依據調查所得的意見落實各項政策）和「協作委員會」。協作委員會由中外教員代表、職員代表、中文部代表、學生會代表等人員組成，專司討論全校興革事務。〔註 150〕在這些委員會中，教員代表佔有很大比例，「教授治校」的熱情已開始被點燃。

自 1922 年起，清華師生還發起了改組董事會運動，清華董事會設立後，雖取得了一些成績，但其制度上的缺陷也日漸暴露，主要集中在兩點：「（1）董事會董事係完全外交人才，缺乏教育家，或教育學者；（2）董事會之職權太籠統，與校長職權劃分不清。」〔註 151〕除上述兩點外，美國公使館〔註 152〕也

〔註 149〕 《清華學校教職員會議章程》（1920 年 4 月），清華大學校史研究室編：《清華大學史料選稿》第 1 卷（清華學校時期），清華大學出版社，1991 年，第196 頁。

〔註 150〕 邢軍紀：《最後的大師：葉企孫和他的時代》，北京十月文藝出版社，2010 年，第 120 頁。

〔註 151〕 《清華學校的董事會》（1922 年 4 月），清華大學校史研究室編：《清華大學史料選編》第 1 卷（清華學校時期），清華大學出版社，1991 年，第 248 頁。

〔註 152〕 1920 年 2 月，外交部修改了《清華董事會章程》，主要有以下兩點：「（1）清華學校董事會以外交部部員二人，暨駐京美國使館館員一人組織之。（2）董事會對於清華學校及遊美監督處一切事務，有協同校長管理之權。遇有清華學校或遊美監督處發生各項問題，得由董事會處理；但須將議決情形，呈請外交部部長核准，方可施行。」參見《董事會之略史》（1923 年 10 月 19 日），清華大學校史研究室編：《清華大學史料選編》第 1 卷（清華學校時期），清華大學出版社，1991 年，第 250 頁。

經常利用董事會，露骨地干涉清華校政，將其作為控制清華的工具，這也引起了清華教職員的不滿。同時，校長曹雲祥為了擴大自己的權力，也積極加入其中，並上書外交部，表示：「董事會問題不能解決，則校務一日不能發展，縱有種種計劃，亦屬空言無補。」〔註153〕清華師生改組董事會的鬥爭時起時伏，持續了多年，一直到1927年9月，外交部才對清華董事會進行改組，在原有的外交部部員二人、美國公使館館員一人等三人為董事外，又吸納了五位教育家和財政家為董事。〔註154〕在此期間，清華學校也通過改辦大學和改革組織結構，初步建立起了「教授治校」體制。

1925年9月，清華學校開辦大學部和研究院（國學門），〔註155〕並在行政體制上做了調整，成立了以校長曹雲祥為主席的十人校務委員會，執掌「校內行政之最高權」，委員由「校長、三教務主任、校長任命之二行政職員，與教職員公舉之四代表共十人組織之」，〔註156〕由教職員公舉代表參與校務委員會，已初露「教授治校」的端倪。〔註157〕

但校務委員會中行政職員佔有很大比例，難以反映教師權益，一些留美歸國的年輕教授，對設立的十人校務委員會〔註158〕並不滿意，反對由幾個行政寡頭治校，開始提倡「教授治校」。他們經常聚在一起，多在北院七號飯團吃飯，逐漸形成了一個以「少壯派」教授為核心的集團，與當時把持校務，常在

〔註153〕《董事會之略史》（1923年10月19日），清華大學校史研究室編：《清華大學史料選編》第1卷（清華學校時期），清華大學出版社，1991年，第250頁。

〔註154〕清華大學校史編寫組編：《清華大學校史稿》，中華書局，1981年，第16頁。

〔註155〕學校由此被分成三部分：一為清華舊制部，即留美預備部，有老生220人；二為新創辦的大學部，學生近百人，皆為大一新生；三為新設的研究院，學生有30人。參見錢端升：《清華學校》，《清華週刊》第24卷第13期，1925年12月，第36頁。

〔註156〕《學校新聞：校長處》，《清華週刊》第24卷第3期，1925年9月，第28頁。

〔註157〕在此之前，清末的清華學堂時期，學校類似官僚機關，行政負責人都是官員，遊美學務處辦公處工字廳被稱為「衙門」。辛亥革命後，清華學堂改為清華學校，官僚習氣仍很濃重。校務管理表現為校長專權，少數高級職員治校。行政職員的地位高於一般教員，平日在稱呼上也是職員在前，如稱「職教員會議」。參見清華大學校史編寫組編：《清華大學校史稿》，中華書局，1981年，第14、23頁。

〔註158〕校務會議選定由曹雲祥（主席）、張彭春、莊澤宣、吳宓、王祖廉、全紹文、梅貽琦、餘日宣、鄭之蕃、王文顯共十人組成。參見賀崇鈴主編：《清華大學九十年》，清華大學出版社，2001年，第34頁。

工字廳飯廳吃飯的元老派漸成對峙之勢。〔註159〕這批「少壯派」教授主要有陳岱孫、葉企孫、施嘉煬、薩本棟、薩本鐵、金岳霖、張奚若、錢端升、葉公超等人，〔註160〕據成員之一的陳岱孫所說：「清華當時的教授大部分都是三四十歲，對事業有進取心，不滿足於僅僅是維持現狀的局面，他們要求有一個在可以撇開校長的情況下，自動推動學校工作的力量。」〔註161〕這些人也成為推進清華實現「教授治校」改革的重要力量。

為了推進清華改革的進行，清華「少壯派」教授的代表人物錢端升，更在《晨報》和《清華週刊》上發文，明確倡導「教授治校」，表示：「今歲新設之教務會議，為校內之最高機關，然該會中校長及其委派之職員居十之六，而教授僅得互選四人。以教員與職員較，實有職員萬能，教員垂聽之慨」；並認為「清華今日之組織，既非校長集權，又非教授治校，而職員之權，則有長無已。大權旁落，校長教授俱乏統率之力。」為改變以上諸多弊端，錢端升提出：「改良之法，允宜賦教授會以治校之權。教授之上，除校長外，無其他職員；教務長亦但以教授充之，為教授而不為職員。庶幾教授之氣可揚，教授之意可貫。教授會之組織，由全體教授，或由教授互選之代表均可，以校長為主席，藉收統一事權之效。」〔註162〕為了推動清華改革，錢端升還特意寫信給支持蔡元培在北大推行「教授治校」改革的胡適，〔註163〕邀其來清華任教，並有意助推胡適出任校長，以借助其影響力，全面推動清華改革。錢在信中表達了急切之情：「要是你肯來，什麼問題都沒有，你是學者，有志意者，有資望者，是美國留學生（這並不是我特別親美，不過事實不能不這樣），是與現今外交當局很有交情，又是能開刀的好手。你肯來，就千妥萬當」。錢還向胡表達了改良清華的決心，表示：「我既然進了清華，一天不離開清華，便一天

〔註159〕清華大學校史編寫組編：《清華大學校史稿》，中華書局，1981年，第109頁。
〔註160〕李姝林、李懷忠主編：《百年清華》，安徽科學技術出版社，2011年，第75頁。
〔註161〕陳岱孫：《往事偶記》，商務印書館，2016年，第70～71頁。
〔註162〕錢端升：《清華學校》，《清華週刊》第24卷第13期，1925年12月，第38～40頁。錢端升在此文中還指出當時的清華學校存在「靡費」、「機關太多」、「組織太無根據」、「教員地位太低」、「美籍教員問題」、「學科雜亂」等六大弊病問題，而教授治校便是改良途徑和方法之一，提出「治校猶治國也，若不開明專制，則應真正民治」。
〔註163〕1925年8月，北大內部以胡適為代表的「英美派」與以李煜瀛為代表的「法日派」，就是否脫離教育部，以反對教育總長章士釗解散女師大而展開了激烈爭論，最終「法日派」勝出，北大宣布「脫部」。不久胡適即辭職離開了北大，赴海外遊學。

不能忘情於清華的改良」。〔註164〕錢端升等「少壯派」教授的批評建議,及引入外人以推進清華改制的做法,刺激了校長曹雲祥加快改革清華的步伐。

1926 年初,清華學校召開全體教職員大會,成立了「清華學校改組委員會」,以切實推進清華改革,曹雲祥(任主席)、梅貽琦、戴超、陳達、錢端升、孟憲承、吳宓七人為改組委員。改組委員會經過數次開會討論後,制定了《清華學校組織大綱》,於 4 月 15 日經教職員大會通過後宣布施行。改組委員會在報告中明確表示:「此項大綱係適應民治教育之潮流,據教授治校之原則,同時不得不顧及本校之特殊實況」制定而成。〔註165〕依據「教授治校」的原則,清華設立了評議會和教授會兩個重要的組織機構,開啟了清華「教授治校」的時代。

評議會為全校最高的立法和審議機構,相當於教授會的常務委員會,由校長、教務長及教授會互選之評議員七人組成,教授代表佔據絕對優勢,保障了教授在校務決策管理中的主導地位。功能等同於先前設立的校務委員會。職權範圍十分廣泛,涉及制定學校教育方針、各學系和校內機關的設立裁撤、審定預決算、議決教授與行政部各主任之任免等事務,掌握著全校大部分校政。教授會則由全體教授及行政部各主任組織,職權主要集中在教務管理方面,審定全校課程和議決教務上公共事項,功能等同於先前設立的教職員會議,但教授會還負責「選舉評議會及教務長」和「議決向評議會建議事件」。同時,在大綱「附注」中又規定,評議會職權中的第一、第二、第三、第六等項〔註166〕在議決之前,必須先徵求教授會的意見;而當評議會議決的事項,「經教授會三分之二之否認時,應交評議會覆議」;對於學校大綱的修訂,則「得由評議會以三分之二之通過提出,於教授會討論決定之」。〔註167〕可見,教授會無形中起到了對評議會的制衡作用,兩會互相制衡牽制,有助於防止評議會專斷。

除了設立評議會、教授會外,清華還設有教務長,由教授會選舉產生,任

〔註164〕 《錢端升致胡適》,中國社會科學院近代史研究所中華民國史研究室編:《胡適來往書信選》上冊,社會科學文獻出版社,2013 年,第 294〜295 頁。
〔註165〕 《學校方面:改組委員會報告》,《清華週刊》第 25 卷第 3 期,1926 年 4 月,第 160 頁。
〔註166〕 具體為:(1)規定全校教育方針;(2)議決各學系之設立、廢止及變更;(3)議決校內各機關之設立、廢止及變更;(6)審定預算、決算。
〔註167〕 《清華學校組織大綱》(1926 年 4 月 15 日),《清華週刊》第 25 卷第 3 期,1926 年 4 月,第 161〜162 頁。

期二年，綜理全校教務。基層的則有學系會議，以本系教授、講師、教員組織之，審議和決定學系的各項事務，學系主任由該系教授、教員推舉產生，負責召集學系會議。

《清華學校組織大綱》公布後，依據大綱要求，清華初步確立了「教授治校」的體制，其第一項成果便是教務長不再由校長指派，而改由教授會選舉產生。

1926 年 4 月 19 日晚上，教授會在科學館 212 號教室召開第一次全體大會，到會 47 人，此次會議主要是選舉教務長和七位評議員。經過與會教授討論決定，教務長人選需經過三次選舉。前兩次票選時，「須超過三分之二以上之數，但第三次票選時，過半數即可」；虞謹庸、錢端升又提議在「第三次票選時，候補人數定為二人」，陳福田主張「採用不記名投票法，眾贊成」，參會教授各抒己見，民主氛圍十分濃厚。在投票表決環節，第二次選舉結果為梅貽琦 27 票、孟憲承 12 票、戴志騫 7 票、趙元任 3 票。依據先前討論，以得票最多的梅、孟二人為候補，進行第三次選舉，最終梅貽琦以 33 票高票勝出，當選首任教務長，孟憲承僅得 15 票。教務長選出後，教授會又經過兩輪投票，選舉出得票最多的陳通夫（40 票）、孟憲承（37 票）、戴志騫（33 票）、楊夢齎（32 票）、吳宓（30 票）、趙元任（27 票）、陳福田（24 票）等七人為首屆評議員。〔註 168〕

評議員選出後，4 月 26 日至 28 日，評議會召開第一、第二次會議，通過暫行適用的議事細則，推舉吳宓為評議會書記，並討論議決關於學系設立的議決案及各系是否設立專修課程等問題。〔註 169〕4 月 29 日，第三次教授會議在科學館召開，依據 28 日評議會通過設立 17 個系的決議，教授會選舉出吳宓、陳寅恪、王文顯等 15 人為各學系主任，〔註 170〕哲學系和音樂系因尚未開

〔註 168〕 《教授會議：第一次》，《清華週刊》第 25 卷第 11 期，1926 年 5 月，第 648 頁。

〔註 169〕 《學校方面：評議會》，《清華週刊》第 25 卷第 11 期，1926 年 5 月 7 日，第 647 頁。

〔註 170〕 《教授會議：第三次》，《清華週刊》第 25 卷第 11 期，1926 年 5 月 7 日，第 649 頁。選舉出的 15 個學系主任為：國文學系吳宓；東方語言學系陳寅恪；西洋文學系王文顯；數學系鄭之蕃；物理學系葉企孫；化學系楊光弼；生物學系錢崇樹；歷史學系陸懋德；政治學系餘日宣；經濟學系朱彬元；社會學系陳達；教育心理系朱君毅；農業系虞振鏞；工程系周永德；體育軍事系馬約翰。哲學系、音樂系未開課，暫缺。

課，暫缺。從以上教授會、評議會的開會記錄、情形中，可以看出與會教授參與校務的熱情很高，而且提議、討論和投票選舉環節，均嚴格遵循民主程序進行。

　　總之，1926 年《清華學校組織大綱》的頒布施行，改變了清華受董事會控制和校長一元化的領導體制，而進入「教授治校時代」。〔註171〕但好景不長，在南京國民政府接管清華後，為加強對教育的控制，積極倡導校長集權治校，對原組織大綱作了修正，於 1928 年 9 月頒布了《國立清華大學條例》。清華大學雖然保留了評議會和教授會，但權力被大為削減，由此引發教授的不滿，掀起了「改隸廢董」、「易長」風潮等一系列衝突（第三章將詳述）。清華的「教授治校」體制在鬥爭衝突中日漸完善，至 1931 年梅貽琦長校後，進入黃金發展期。

三、北洋政府對美國模式的規範

　　為了將美國模式以法律形式規範化，1924 年 2 月 23 日，教育部在吸收原先《大學令》等教育法規的基礎上，制定頒布了《國立大學校條例》，賦予「國立大學教授治校的權力」。〔註172〕條例對董事會、評議會、教務會議、教授會等機構的人員構成、職權等方面作了具體規定：

　　　　第十三條　國立大學校得設董事會，審議學校進行計劃及預算、決算暨其他重要事項，以左列人員組織之：（甲）例任董事，校長。（乙）部派董事，由教育總長就部員中指派者。（丙）聘任董事，由董事會推選呈請教育總長聘任者。第一屆董事由教育總長直接聘任。國立大學校董事會議決事項，應由校長呈請教育總長核准施行。

　　　　第十四條　國立大學校設評議會，評議學校內部組織及各項章程暨其他重要事項，以校長及正教授、教授互選若干人組織之。

　　　　第十五條　國立大學校各科、各學系及大學院，各設主任一人，由正教授或教授兼任之。國立大學校遇必要時，得設教務長一人，由正教授或教授兼任之。

〔註171〕蘇雲峰：《從清華學堂到清華大學（1911～1929）》，生活・讀書・新知三聯書店，2001 年，第 46 頁。
〔註172〕蘇雲峰：《從清華學堂到清華大學（1928～1937）》，生活・讀書・新知三聯書店，2001 年，第 3 頁。

第十六條 國立大學校設教務會議，審議學則及關於全校教學、訓育事項，由各科各學系及大學院之主任組織之。

第十七條 國立大學校各科、各學系及大學院，各設教授會，規劃課程及其進行事宜，各以本科本學系及大學院之正教授、教授組織之。各科系規劃課程時，講師並應列席。

第十八條 國立大學校圖書館、觀測所、實習場、試驗室等各設主任一人，以正教授或教授兼任之。〔註173〕

《國立大學校條例》中明確規定國立大學得設董事會，從而將董事會制度合法化，也是對國立東南大學改革實踐的一種肯定。而北洋政府之所以要求國立大學設立董事會，也並非單純是為了發展大學教育。其原因大致有以下兩點：其一，20世紀20年代初期，北洋軍閥各派為爭奪中央政權而互相征伐，擴軍備戰，教育經費捉襟見肘。各大學為了爭得教育經費和教師薪資接連發起數次「索薪」運動，罷課罷教風潮此起彼伏。為了解決經費問題，拓展學校經費來源的多元化渠道，吸收社會贊助，以緩解政府財政壓力和教育界的「索薪」風潮，推進國立大學設立董事會，不失為一項有效捷徑。其二，《國立大學校條例》中明確規定，國立大學設立的董事會成員中，必須有教育總長從教育部部員中指派的「部派董事」，而且第一屆董事須由教育總長直接聘任。政府通過指派人員參與董事會決策，也能達到干預或影響國立大學校政管理之目的。此外，《國立大學校條例》還明確了校長「由教育總長聘任」的產生方式，這在先前的《大學令》和《修正大學令》中均未指出，也足見政府有意加強對國立大學控制的意圖。

《國立大學校條例》頒布後，《大學令》（1912年）和《大學規程》（1915年）即行廢止。民國教育家何炳松對《國立大學校條例》有所評價，指出了三點注意事項：其一，他認為國立大學設董事會，「是國立大學向所未有的機關」。其二，取消了《大學令》和《修正大學令》（1917年）中的各科學長制，改由教務長「主持全校教務，由正教授或教授兼任」。其三，條例中除保留了《大學令》等法令中的評議會外，還恢復了《修正大學令》中要求取消科系教授會的內容，重新賦予了教授參與基層科系決策管理的權力，同時添設了教

〔註173〕《教育部公布國立大學校條例令》（1924年2月23日），中國第二歷史檔案館編：《中華民國史檔案資料彙編》第3輯・教育，江蘇古籍出版社，1991年，第174～175頁。

務會議，審議學校教學工作。〔註174〕

　　從條例的規定中也可以看出，《國立大學校條例》明顯受到了美國大學管理體制的影響。董事會的職權集中在學校的財政經費管理上，且多在校外不定期召開，基本不參與校內日常事務管理。由教授組成的評議會則為校內重要的議事決策機構，審議學校各項章程及其他事項。各科系教授會的恢復，以及圖書館、觀測所、實習場、試驗室等部門均以正教授或教授兼任主任，無疑也是對教授參與治校的肯定。

　　教育部公布的《國立大學校條例》主要仿傚美國大學模式，對於以德國大學模式為參照的北大而言，造成一定衝擊。《國立大學校條例》將評議會的地位置於董事會之下，一些職權也收歸董事會所有，明顯削弱了北大以教授為主體的評議會的權力。而北洋政府想借機通過部派董事、干預董事推選等方式，控制和影響董事會，進而強化對國立大學的干預，也為北大教授所警惕。有鑑於此，北大決定保持原有體制不變，拒絕執行《國立大學校條例》的一些規定。

　　1924年3月14日，北大召開評議會，討論教育部公布的《國立大學校條例》問題，蔣夢麟、馬敘倫、李煜瀛、李大釗、沈士遠、沈兼士、朱希祖等評議員出席。李煜瀛指出北大已設立了評議會，無需再增設董事會，「大學重心在評議會，即在教授，似宜將選舉校長權予評議會，比予董事會為適當，似不妨因此而起此種要求」。〔註175〕李的提議得到了與會人員的一致同意，遂決定上報教育部交涉。此外，北大對於《國立大學校條例》中規定第一屆董事由教育總長聘任一項，也頗為警覺。3月15日，北大教授在寫給校長的公函中指出：「第一屆之董事，由教育總長直接聘任，以後董事由原有董事會推選，此種產生方法，實不知其命意之所在。夫國立學校之經費，政府應負籌措之責，待於私人之捐助，縱令有待於私人之捐助，而歷年以來，國立學校經費困難，乃眾日共睹之事實，小未見有私人解囊相者，是吾國無有以捐款而具有董事資格者也。如此則教育部所欲聘任及其所得聘任者，依吾人之揣度，不外於在野之官僚，或有力之政客。此等官僚政客，於學術上既無任何之專長，其對於校內一切情形，又皆隔閡不通，而不及校長及教員之清晰。」並強調這些官

〔註174〕何炳松：《三十五年來中國之大學教育》，莊俞、賀聖鼐編：《最近三十五年之中國教育》，商務印書館，1931年，第105頁。

〔註175〕《評議會議事錄》，王學珍、郭建榮主編：《北京大學史料》第2卷（1912～1937），北京大學出版社，2000年，第177頁。

僚、政客類董事進入學校，將使「教育事業牽入政治漩渦之危險」。〔註176〕一針見血地指出了新頒條例中的部分內容，易使董事會為官僚政客、政治勢力所把持控制，導致大學獨立遭受嚴重威脅的弊病。此外，北大作為國立大學的翹楚和「首都高校」，不同於身處「地方」的國立東南大學，經費主要依靠董事會募集。北大在經費方面一直仰賴政府，也無需設立一多餘機構，而且北大教授在公函中就已指出「縱令有待於私人之捐助，而歷年以來，國立學校經費困難，乃眾目共睹之事實，亦未見有私人解囊相者」。在北大教授的堅決抵制下，教育部最終允許北大繼續維持原有體制。

北洋政府要求國立大學設立董事會是適應現實發展需要而定的，是特定歷史時期的一種特殊現象，其存續時限也很短暫。若以1921年國立東南大學設立董事會為起點，至1925年教育部頒發部令撤銷該校董事會為探索之終，則國立大學董事會制度僅存在了短短五年時間，猶如曇花一現。而若以隸屬於外交部的清華學校董事會作為國立大學董事會的特殊案例，自1917年設立至1928年被廢止，也僅存續了十二年。〔註177〕此外，國立大學的話語權也不在董事會，而在中央政府，故而相較於教會大學、私立大學的董事會，國立大學的董事會有其特殊性，在功能定位上有所差異。國立大學董事會的重心在拓展渠道、籌集資金，以解決經費問題，很少干預校內事務管理。大學內部事務決策管理由教授占主體的評議會、教授會等機構負責，不同於私立大學董事會掌握著學校的內外校政大權，且學校規模小，組織結構簡單，校內也很少設立評議會、教授會等組織。

綜上所述，在20世紀20年代，受特殊政治社會環境和教育理念轉型等多種因素的影響，「教授治校」迎來了發展高潮期。自1921年新成立的國立東南大學率先引入美國「教授治校」模式後，交通大學、清華學校（1926年開辦大學）、國立廣東大學〔註178〕、北京師範大學等國立、省立大學紛紛仿傚，並

〔註176〕《本校教授致校長公函：為教部新頒大學校條例事》，《北京大學日刊》第1421號，1924年3月17日，第1版。

〔註177〕任小燕：《博弈中的生存：晚清民國大學董事會制度變遷研究》，南京師範大學博士學位論文，2016年，第168～169頁。

〔註178〕1924年創辦的國立廣東大學，依據《國立廣東大學規程》在校內設立了參議會（校外人士佔了很大比例，類似於董事會，負責籌集經費、審定預算）、評議會（每科全體教員推選一人、附中及附小全體教員各舉出一人及秘書長、圖書館長、會計主任等人組成）、教授聯席會議（由校長及全體教授組織之）和校務會議（由校長、各分科學長、預科主任和全校教授互選若於人組成）

注意結合自身發展實際，調整設置內部組織。與此同時，教育部也頒布了《國立大學校條例》，將美國模式予以規範化。受此影響，一些私立大學，如南開大學〔註 179〕、復旦大學〔註 180〕等也設置了評議會、教授會或與其職能類似的機構，推行民主治校。至 1926 年 7 月，全國共有國立專門以上學校 20 所，〔註 181〕可見，在政府教育法規，教育獨立思潮和北大、東大等校體制改革的刺激下，推行「教授治校」的大學已佔有一定比例。

　　但北洋政府在《國立大學校條例》中，明確規定第一屆董事須由教育總長直接延聘，並要求每屆董事中必須有「部派董事」，顯示出政府強化對國立大學干預的意圖。而且條例中並未對董事會的職權作出明確限定，僅列明其有審議「學校進行計劃及預算、決算暨其他重要事項」之權，故而在實際操作中，董事會常會越界侵奪評議會、教授會的職權，破壞「教授治校」之原則。東南大學和清華大學在後續的發展中既是如此，最後也都廢除了掣肘「教授治校」的董事會（詳見第三章），北大更是直接反對在國立大學設立董事會，並通過抗爭維持了原有體制。周鯁生所擬定的湖南大學組織令草案和蔡元培等人起草的《杭州大學意旨書》，均集中體現了「教授治校」的理念，但最終卻未能

等組織機構。為發揮教授的治校作用，國立廣東大學又設立了分科教授會及各分科下屬的學系教授會，作為各分科及各系事務的決策權力機構。參見黃義祥編：《中山大學史稿（1924～1949）》，中山大學出版社，1999 年，第 36～39 頁。

〔註 179〕南開大學雖為私立大學，但校長張伯苓頗為注重民主治校，在 1924 年就設立了評議會，由校長、大學主任、各科主任，教授會議推選的代表及校長指定的教職員組成，負責評議學校的校政、設施、方針，規劃內部組織、各科系預算支配，及一切建議案。除了評議會外，南開還設立了各科教授會，以各該科教授組成，負責編定各科課程、預算等事務，文、理二科主任也由該科教授互選產生。董事會則主要負責聘任校長、籌集經費、審議預決算、對於章程之制定或變更以同意和授予學位等事務。參見《南開大學章程》（1926 年 6 月），龔克主編：《張伯苓全集》第 9 卷，南開大學出版社，2015 年，第 371～372 頁。

〔註 180〕1924 年，復旦大學在大學部設立了教授會，與教務部、庶務部並列；同時設立了類似評議會的行政院，並制定了《復旦大學行政院章程》。行政院成員由教授會推選代表及校長等其他當然會員組成，讓教授參與到校務決策之中。參見王文傑：《民國初期大學制度研究（1912～1927）》，復旦大學出版社，2017 年，第 85 頁。

〔註 181〕《教育部公布全國公立私立專門以上學校一覽表》（1926 年 7 月），中國第二歷史檔案館編：《中華民國史檔案資料彙編》第三輯·教育，鳳凰出版社，1991 年，第 199～200 頁。

成行，也反映出「教授治校」在地方大學的推行實踐過程中，深受地方政局、主政者和經費等多方因素的制約和影響。

第三節 「教授治校」的擠壓期（1929～1945）

1927 年 4 月，南京國民政府成立後，鑒於當時尚未完成全國統一，中心任務仍集中於軍事上的北伐，對教育文化等社會性事業尚無暇顧及，各大學仍能維持舊有的管理體制。但至 1928 年，北伐軍進駐平津完成北伐，及張學良宣布「東北易幟」後，國民政府在形式上完成統一，為貫徹孫中山「以黨建國、以黨治國」的遺訓，在政治上「走獨裁式的首領集權」制，強化思想控制。〔註 182〕基本特徵是「一個政黨、一個領袖、一個主義」，其組織聚合力、意識形態聚合力、政黨動員力和政府執行力遠遠強於北洋時期的軍事強人體制。〔註 183〕為鞏固政權的穩定性，國民政府在以黨治國的訓政體制下，從各方面推進社會建設和國家重建。

在教育領域，國民政府推行一系列「黨化教育」政策，頒布和強制執行相關規章制度，「既企圖黨化學生，規範大學行政，又指望把不同的學院和大學統統納入高等教育體制的規範」，〔註 184〕以加強對教育的全面控制。同時，自 1929 年起又相繼頒布了《大學組織法》《大學規程》等一系列教育法規，建構起新的教育制度與形態，改變了北洋時期大學相對自由、自主辦學的格局，大學行政化的趨勢不斷加強。在學校管理上也積極倡導校長集權治校，壓制「教授治校」，以便更好地控制大學，「教授治校」因備受擠壓而轉入低潮。

因在此低潮時期，僅抗戰前的清華大學及戰時的西南聯大兩校，憑藉特殊的地位與環境及師生的堅守與抗爭，才真正得以維持和推行「教授治校」，可謂「一枝獨秀」。〔註 185〕浙江大學在 1936 年竺可楨就任校長後，十分尊重教授，強調「教授是大學的靈魂，一個大學學風的優劣，全視教授人選為轉

〔註 182〕 程天放：《民主與獨裁》，《中央日報》，1935 年 2 月 6 日，第 2 版。
〔註 183〕 蕭功秦：《從百年變革看中國新權威主義改革模式》，《武漢大學學報》（人文科學版），2016 年第 4 期。
〔註 184〕 （美）葉文心：《民國時期大學校園文化（1919～1937）》，馮夏根、胡少誠等譯，中國人民大學出版社，2012 年，第 2 頁。
〔註 185〕 蘇雲峰：《從清華學堂到清華大學（1911～1929）》，生活‧讀書‧新知三聯書店，2001 年，第 68 頁。

移」，〔註186〕並設立了教授會組織，秉持「教授治校」的原則治理學校，但並未形成完善的組織機制，沒有清華和聯大典型。清華大學在外部政府壓制與繼承美國模式的基礎上，進行本土化的改造，形成了代表性的「清華模式」，即以教授會、評議會和校務會議為基本架構的三級會議形式。正如 1927 年至1952 年間長期在清華任教的陳岱孫所說：「在三十年代中期，就有人稱清華的這個體制為『教授治校』的典型……這個體制與其說是在一個明確的口號下有意識地進行改革的產物，不如說是在二十年代末的歷史條件下，為了應付環境而逐漸演化形成的產物。」〔註187〕西南聯大也在繼承清華模式的基礎上有所變革。兩校「教授治校」的實施情況、本土化改造及其特點等內容，將在第三章代表性大學中專門詳述，本節主要分析「教授治校」轉入低潮的背景和原因。

一、國民政府對府學關係的重構

「所有的公共威權都想把自己的價值觀強加給學校」，〔註 188〕作為新生政權的國民政府也不例外。在教育領域，國民政府一改北洋政府時期對教育持自由放任之政策，強調集權統一，並以三民主義精神和黨化教育為方針，「厲行黨治，黨化教育風被全國」。〔註189〕教育界的民主、自由獨立等思想頗受壓制，「全國人的思想差不多漸被統一於一黨主義之下，其他各家學說自不容易起來相與抗衡」。〔註190〕「教授治校」作為一種民主治校的理念自然也受到影響。

國民黨一直十分注重對社會思想的整肅與控制，為了使國家教育系統依據國民黨的政策、方針統一行進，一切教育制度措施均符合黨治的要求，在教育領域推行和實施「黨化教育」，目的就是「必使學校為整個的黨部，教育為整個的黨務，師生為整個的黨團」。〔註191〕試圖憑藉政治威權將自己的價

〔註186〕竺可楨：《講演詞》（1936 年），《竺可楨文錄》，浙江文藝出版社，1999 年，第 71 頁。

〔註187〕陳岱孫：《往事偶記》，商務印書館，2016 年，第 69 頁。

〔註188〕（美）約翰・E・丘伯、泰力・M・默：《政治、市場和學校》，蔣衡等譯，教育科學出版社，2003 年，第 46 頁。

〔註189〕孟憲承：《大學教育》，孫燕京、張研主編：《民國史料叢刊續編》第 1073 冊（文教・高等教育），大象出版社，2012 年，第 72 頁。

〔註190〕陳青之：《中國教育史》，商務印書館，1936 年，第 793 頁。

〔註191〕張九如編：《三民主義教育學》，商務印書館，1928 年，第 72 頁。

值觀由上而下的灌輸到每一所學校。〔註 192〕當時社會上也流行一些說法，如「欲想控制政治就必須先控制教育」，「老師和統治者應該是一個人才對」。〔註 193〕對於一些政客而言，也將教育界視為一種「潛勢力」，都想來操縱教育。〔註 194〕這些也都是國民政府推行「黨化教育」的題中之意。

關於「黨化教育」的含義，在國民政府教育行政委員會通過的《國民政府教育方針草案》中有所闡述：「所謂黨化教育，是在國民黨指導之下，把教育變成革命化和民眾化」，教育方針必須「要建築在國民黨的根本政策上」。〔註 195〕後來因「黨化」二字歧義甚多，便逐步以「三民主義教育」代替之。1928 年 5 月，由大學院〔註 196〕召集的第一次全國教育會議在南京召開，大會提出「中華民國今後之教育，應為三民主義之國民教育」，〔註 197〕正式將三民主義定為國民教育之宗旨。

國民政府隨後積極宣傳和落實「黨化教育」方針。胡漢民提出：「今後三民主義如果連在教育中，都沒有肯定的惟一地位，那還說什麼訓導全國以求實現，推行世界以進大同！那樣教育所造就的人才，有何補於訓政與建設。」〔註 198〕其他一些國民黨員也積極宣傳黨化教育的必要性，認為各校學生思想非常複雜，實施黨化教育，可以避免青年學生受到共產黨及國家主義派的「煽惑」，並建議從中小學抓起，灌輸和宣傳三民主義，使其「成為總理的忠實信徒」。〔註 199〕

〔註 192〕（美）約翰・E・丘伯、泰力・M・默：《政治、市場和學校》，蔣衡等譯，教育科學出版社，2003 年，第 50 頁。

〔註 193〕蔣廷黻：《蔣廷黻回憶錄》，嶽麓書社，2017 年，第 140～141 頁。

〔註 194〕《朱經農致胡適》（1931 年 2 月 1 日），中國社會科學院近代史研究所中華民國史研究室編：《胡適來往書信選》中冊，社會科學文獻出版社，2013 年，第 430 頁。

〔註 195〕《國民政府教育方針草案（三）》，《申報》，1927 年 7 月 9 日，第 11 版。

〔註 196〕鑒於北洋時期，教育部淪為官僚結黨營私場所的教訓，南京國民政府建立後，為實現教育獨立，在蔡元培、李石曾等人的主導下，仿效法、德等國教育制度，於 1927 年 10 月成立大學院，作為全國最高學術教育行政機關。但不到一年即在 1928 年 10 月被撤銷，改為教育部。失敗的主要原因在於，與國民黨訓政時期的「以黨治國」精神相違背、學界派系鬥爭相互傾軋、經費困難和主持者不合等方面。參見陳哲三：《中華民國大學院之研究》，臺灣商務印書館，1976 年，第 180～195 頁。

〔註 197〕《中國教育百科全書》編委會編：《中國教育百科全書》，海洋出版社，1991 年，第 952 頁。

〔註 198〕胡漢民：《建設與教育》，《中央黨務月刊》第 15 期，1929 年 10 月，第 249 頁。

〔註 199〕馬超俊：《實施黨義教育之重要》，《中央黨務月刊》第 32 期，1931 年 3 月，第 685 頁。

國民黨在各大學陸續成立區黨部或區分部，隸屬於地方黨部，以加強在大學的組織建設。如中央大學於 1929 年在校內設立了六個區分部，隸屬於南京特別市黨部的第八區，〔註200〕其他大學黨部的運行也與此類似。教育部還要求大中小學開設黨義和革命史課程，作為公開課，學生要背三民主義，而且每週星期一早晨，由校長或其他老師帶著學生背《總理遺囑》，叫作「總理紀念周」。〔註201〕

「黨化教育」重構了國民政府與大學之間的關係，極大地改變了校園風貌，校園中大唱國歌、黨歌，牆報上貼滿了革命標語。如在 1928 年 6 月，國民黨接管清華後，在「校中到處滿貼顏色紙條之標語。如剷除土豪劣紳，以黨為國，黨化教育之類」。〔註202〕各大學圖書館和閱覽室的書架上也遍布國民黨的出版物，軍訓成了所有學生的必修課，「只要在國民政府勢力所及的範圍之內，都有各種行政命令和組織手段以國家力量來灌輸『三民主義文化』」。〔註203〕

國民政府推行的「黨化教育」政策，壓制了學術自由，大批自由主義知識分子對「黨化教育」予以抨擊。任鴻雋認為「黨化與教育，是不能並立的：有了黨化，便沒了教育；反過來說，要有教育，先取消黨化」，建議國民政府「應該先發展教育，再說黨化」。〔註204〕陶行知也明確提出「教育是國家萬年之計，應當超然，應當純粹，應當除去政黨的色彩，應當保持獨立的精神」。〔註205〕朱經農對「黨化教育」也一直頗有微詞，在寫給好友胡適的信中便直言：「大學中應有講學之自由，不應為一黨所把持，亦不應受一二人之操縱。大學校長應為終身職，非有過失（應明白宣布），不宜更動。大學教授亦應為終身職，非有過失（亦應明白宣布），亦不應更動。至於裁併一科一系，尤非由評議會通過不可。」同時，面對政府威權的強力推行，他也表達出了一種無

〔註200〕《各區分部一覽表》，《南京黨務週刊》第 1 期，1929 年 6 月 3 日，第 29 頁。
〔註201〕何兆武：《上學記》，人民文學出版社，2016 年，第 9～10 頁。
〔註202〕吳宓：《吳宓日記》第 4 冊（1928～1929），生活·讀書·新知三聯書店，1998 年，第 72 頁。
〔註203〕（美）葉文心：《民國時期大學校園文化（1919～1937）》，馮夏根、胡少誠等譯，中國人民大學出版社，2012 年，第 119 頁。
〔註204〕叔永：《黨化教育是可能的嗎》，《獨立評論》第 3 期，1932 年 10 月 25 日，第 15 頁。
〔註205〕陳釗：《國民黨黨化教育制度研究（1924～1937）》，西北農林科技大學出版社，2014 年，第 153 頁。

奈：「但是我們毫無組織的個人，怎敢向陣式整嚴的大黨、大閥、大系說半句話呢？所有上海報紙都是某黨、某派所支配，所以除了黨派的言論，我們看不見多少公道話。」〔註206〕朱經農所作的抨擊和發出的感歎，也確實反映了當時大學教授等自由知識分子的生存困境。

1931年，光華大學教授羅隆基因在《新月》雜誌上，發表了反對國民黨的不當言論，而被逮捕入獄。教育部還電令光華大學將羅隆基撤職，稱：「羅隆基言論謬妄，迭次公然詆本黨，似未便任其繼續任職，仰即撤換。」〔註207〕此令一出，引來社會一片譁然。胡適等人予以聲援，反對教育部直接下令讓大學辭退教授，但部令一發，便難以收回，最終羅隆基被撤職，離開了光華，到中國公學任教。朱經農也指出「國民黨如果想黨化國立大學，也未必有好結果」，因為「大學校不是軍隊，不能不容許學者思想自由與講學自由。若排除異己，則除善阿諛者外皆不能自安」。〔註208〕事實也確實如此。

一些大學教授在校內對於「黨化教育」的各種形式，予以堅決抵制。如張東蓀在光華大學任教的時候，當時學校有一個慣例，每次召開校務會議時，會議主席都要恭讀總理遺囑，但張東蓀對此卻十分反感，直言：「下次再讀遺囑，我就不來了。」〔註209〕隨即奪門而去。絕大多數教師也不願講授黨義公開課。據統計，在1932年度，各大學（含國立、省立和私立）學生人數共計26719人，而教授黨義課的教師僅有26人，平均約一千名學生才分配到一名黨義課教師。〔註210〕

中央大學法學院院長楊公達，將國民黨的「黨化教育」視為造成國民黨成為「眾矢之的」、「天怒人怒」的重要因素，並指出大部分教師和學生也不同情國民黨，也「沒有一個比較努力的國民黨同志去做大學校長，學校不發生一個

〔註206〕 《朱經農致胡適》（1931年2月1日），中國社會科學院近代史研究所中華民國史研究室編：《胡適來往書信選》中冊，社會科學文獻出版社，2013年，第430頁。

〔註207〕 胡適：《胡適日記全編》第6冊（1931～1937），曹伯言整理，安徽教育出版社，2001年，第10頁。

〔註208〕 《朱經農致胡適》（1931年2月1日），中國社會科學院近代史研究所中華民國史研究室編：《胡適來往書信選》中冊，社會科學文獻出版社，2013年，第430頁。

〔註209〕 謝泳：《逝去的年代：中國自由知識分子的命運》，福建教育出版社，2013年，第31頁。

〔註210〕 金以林：《近代中國大學研究（1895～1949）》，中央文獻出版社，2000年，第206頁。

不可收拾的風潮的」。〔註211〕可見，楊氏將此時期頻繁的學潮也歸咎於國民黨的黨化教育政策。事實上黨化教育確實引發了學潮等諸多負面效應，早在1925年東南大學發生「易長」風潮，校長郭秉文被迫出走，就是國民黨推行黨化教育的結果。〔註212〕1935年底，浙江大學師生也曾發起驅逐校長郭任遠的「驅郭」運動，並在《驅郭宣言》中明確提出「要學者，不要黨棍」的口號，直至蔣介石任命竺可楨為校長後，其辦學理念和教育思想深得師生歡迎，風潮才得以平息。〔註213〕

二、國民政府對「教授治校」的壓制

由於政治的不確定性，「任何一方要確保自己的利益，就必須使協議正式化──將所有細節都寫入書面文件，通過立法保障實施」。〔註214〕國民政府除了實施「黨化教育」外，還進一步調整了大學教育體系，制定頒布了一系列教育法規。〔註215〕如《大學組織法》《大學規程》《學位授予法》等，以統一和規範北洋時期相對混亂的教育管理，由此也建立起了較為完整的高等教育制度體系。「學校工作的各個方面都受到細化的法律規定和管理調控制度的干預，所以學校的自主權大大縮減」，〔註216〕亦是國民政府加強對教育控制的具體表現。

在國民政府推行黨化教育的方針背景下，任命的教育部長也「千方百計制定標準，實行政治控制，推行某種程度的統一」。〔註217〕1928年10月，蔣夢麟就任教育部（10月23日，大學院改為教育部）首任部長後，一改早先在北大跟隨蔡元培推行「教授治校」的教員角色，轉而變成了忠實於黨國的官僚政客，且注重大學管理效率的實現。為了更好地控制大學和提高效率，蔣夢麟公

〔註211〕楊公達：《國民黨的危機與自救》，《時代公論》第4期，1932年4月22日，第7頁。

〔註212〕陳翊林：《最近三十年中國教育史》，上海太平洋書店，1930年，第200頁。

〔註213〕張直中：《雷達人生：張直中口述自傳》，湖南教育出版社，2013年，第19頁。

〔註214〕（美）約翰·E·丘伯、泰力·M·默：《政治、市場和學校》，蔣衡等譯，教育科學出版社，2003年，第49頁。

〔註215〕據統計，在1930年至1945年的15年間，國民政府僅頒布的高等教育法規就達335項。參見朱先奇：《制度創新與中國高等教育》，中國社會出版社，2006年，第44頁。

〔註216〕（美）約翰·E·丘伯、泰力·M·默：《政治、市場和學校》，蔣衡等譯，教育科學出版社，2003年，第50～51頁。

〔註217〕（美）易社強：《戰爭與革命中的西南聯大》，饒佳榮譯，九州出版社，2012年，第82頁。

開表示：「我不贊成教授治校，我的口號是校長治校」。〔註218〕1929年7月，
教育部會同立法院制定和頒布了《大學組織法》，正式對北洋時期大學內部組
織結構進行調整規範，在事實上「取消了教授治校制度」，而「直接採用校長
負責制」。〔註219〕

　　《大學組織法》中規定：「大學設校長一人，綜理校務。國立大學校長由
國民政府任命之，省立、市立大學校長，由省市政府分別呈請國民政府任命
之。除國民政府特准外，均不得任其他官職。」〔註220〕與1924年北洋政府頒
布的《國立大學校條例》中規定「國立大學校設校長一人，總轄校務，由教育
總長聘任之」相比，〔註221〕此時國立大學校長的任命權改歸政府直接任命，
而非由教育部聘任。在此情形之下，大學校長更像是一個政府派來的「中層管
理人員」，而非一個學校的「領導者」。〔註222〕校長成了政府在學校的合法代
理人和中央教育政策方針的堅定執行者。其實在立法院討論制定《大學組織
法》時，關於公立大學校長任命權的問題便引發了激烈的爭論。贊成由國民政
府直接任命者，強調大學校長由教育部聘任，會使教育部的權力過大，「易於
造成學閥之生產」；而改由國民政府直接任命，「既照鄭重，復可提高大學地
位」。主張校長由教育部聘任者，則認為教育部是代表國民政府主持全國教育
之最高機關，由其聘任大學校長，並無不鄭重之處。而如若全國大學校長，不
由教育部聘任，則將造成教育部「管轄統制計劃種種方面，均失卻運用上之靈
使」。他們還引用孫中山的話來支撐其觀點，「總理說：要事情辦得好，要信任
專門家」，教育部便是國民政府中，主管教育行政的專門家，故政府應該完全
信任教育部去辦理，「不應該信任非專門家主持」。〔註223〕從結果來看，在立
法院討論中主張校長仍由教育部聘任者，只占少數。

　　公立大學，尤其是國立大學校長任命權的改變，也是蔣介石等國民黨高
層推行「黨化教育」，意圖直接控制大學的一種表現，羅家倫、吳南軒出任清

〔註218〕陳岱孫：《往事偶記》，商務印書館，2016年，第163頁。
〔註219〕李海萍：《清末民初大學內部職權研究》，教育科學出版社，2014年，第141頁。
〔註220〕《法規：大學組織法》，《立法院公報》第8期，1929年8月，第123頁。
〔註221〕《國立大學校條例》，《教育公報》第11卷第3期，1924年4月30日，第2
　　　　頁。
〔註222〕（美）羅伯特‧伯恩鮑姆：《大學運行模式：大學組織與領導的控制系統》，
　　　　別敦榮主譯，中國海洋大學出版社，2003年，第17頁。
〔註223〕之莖：《時評：大學組織法》，《世界週報》第3卷第7期，1929年7月1日，
　　　　第2頁。

華校長，便皆由蔣親自指派，〔註224〕以圖抓住清華這一塊「肥肉」。國民政府直接任命大學校長及向大學安插黨羽的做法，讓「各國立大學校長多由黨政要人兼任」，後又改為「專任」。〔註225〕雖一定程度上加強了對大學的控制，但也引起部分師生的不滿，致使風潮不斷。胡適曾發文對學潮原因作過分析，認為其中一個重要原因就是「校長不得人，這也是政府的責任」，並對此作了批判：「用大學校長的地位作擴張一黨或一派勢力的方法，結果必至於使學校的風紀掃地，使政府的威信掃地。此一原則不但限於國立大學，凡用政治勢力來搶私立學校的地盤，或搶各省市教育廳長局長的地盤，都是製造風潮，自墮政府的威信而已。」〔註226〕

　　《大學組織法》還取消了 1924 年《國立大學校條例》中規定設立的董事會、評議會、教授會等組織機構，而改設校務會議、院務會議和系教務會議。校務會議為學校重要的議事機構，以校長、各學院院長、各學系主任和全體教授、副教授推選出的代表若干人組成，審議：「(1) 大學預算；(2) 大學學院學系之設立及廢止；(3) 大學課程；(4) 大學內部各種規則；(5) 關於學生試驗事項；(6) 關於學生訓育事項；(7) 校長交議事項。」校務會議雖一定程度上延續了評議會的架構，但未對教授代表人數作出明確限定，也就無法保證教授在校務決策中享有充分的發言權。而且院長、各學系主任、職員及事務員等人員均由校長聘任，教員的聘任也「由院長商請校長聘任之」，由此校長掌握了全校主要的人事任免權。與《國立大學校條例》中規定的各科主任、教務長由教授推選，教授兼任相比，教授群體在參與學校人事任命方面幾無發言權。在各學院所設的院務會議中，又排除了各院教授的參與，僅「以院長、系主任及事務主任組織之」，「計劃本院學術設備事項，審議本院一切進行事宜」，院務決策權集於院長等少數人之手，而院長又由校長聘任和任命，在校、院務管理中自然也會附和於校長。最基層的各學系中設立的系教務會議，

〔註224〕　羅家倫在 1926 年北伐期間任蔣介石的秘書，即國民革命軍總司令部參議；1927 年任南京中央黨務學校副主任，校長則為蔣介石；1928 年 3 月，羅家倫又擔任北伐軍總司令部戰地政務委員會委員，同年 8 月，出任清華大學校長。而吳南軒則在 1928 年冬任中央政治學校（前身為中央黨務學校）教務副主任，校長也是蔣介石；1931 年 3 月，被任命為清華大學校長，但遭到清華師生的聯合抵制，9 月辭職南下。
〔註225〕　張季信：《中國教育行政大綱》，商務印書館，1934 年，第 271 頁。
〔註226〕　胡適：《論學潮》（1932 年 7 月 10 日），何卓恩編：《胡適文集·社會卷》，長春出版社，2013 年，第 96 頁。

雖然由系主任及本系教授、副教授、講師組織，但職權僅限於「計劃本系學術設備事項」。〔註 227〕教授參與院系管理的權力僅被限制在最基層的學系事務上，對院一級的決策已難以觸及。

為了更好地控制大學，國民黨作為「掌握威權的集團亟須利用科層制實現層級化管理」。〔註 228〕為此《大學組織法》將大學的組織權力結構，明確劃分為學校、學院和學系三級，確立了大學「校—院—系」的建制體系，這種體系的建立也表明中國近代大學在建制形式上，「基本完成了對西方現代大學建制模式的移植」。〔註 229〕在此體系之下，形成了以校長、院長和各系主任為主體的自上而下的權力結構，大學管理的行政化傾向加強，下級須對上一級管理者負責，即「系主任對院長負責，院長對校長負責，校長管理大學的一切事務，並對政府負責」。〔註 230〕這種體系的建立，符合國民政府強化「校長治校」，實現對大學控制的教育方針。

《大學組織法》所建構起的校、院、系直線職能式的組織結構，及以「貫徹執行」為原則的科層式〔註 231〕管理模式，也存在明顯的問題：一是校長等行政領導會因陷入日常瑣碎、繁雜的事務管理中，而難以集中精力規劃思考大學的長遠發展計劃。二是院系權力較小、但責任重大，既違背權責對等的管理原則，也不利於調動院系教師參與大學治理的積極性。三是這種上下級縱向的信息傳遞渠道，容易在傳遞過程中出現信息受阻或內容失真的現象。四是過分強調等級秩序和層次，不利於形成平等、自由的學術環境和民主監督、

〔註 227〕 《法規：大學組織法》，《立法院公報》第 8 期，1929 年 8 月，第 124～125 頁。

〔註 228〕 （美）約翰·E·丘伯、泰力·M·默：《政治、市場和學校》，蔣衡等譯，教育科學出版社，2003 年，第 50 頁。

〔註 229〕 周川：《中國近代大學建制發展分析》，《北京大學教育評論》，2004 年第 7 期，第 89 頁。

〔註 230〕 蔡磊砢：『蕭規曹隨』？——蔡元培與蔣夢麟治校理念之比較》，蔡元培研究會編：《蔡元培與現代中國》，北京大學出版社，2010 年，第 70 頁。

〔註 231〕 美國斯坦福大學政治學院教授約翰·E·丘伯認為掌握威權的集團之所以要求學校實行科層制，主要受層級化控制（hierarchical control）和政治的不確定性（political uncertainty）兩個問題驅動。「前者是各個大型組織都會面臨的問題，處於高層的人們不能確定處於底層的人們是否會按照他們的意願開展工作，所以他們利用各種科層化的方式來確保下屬聽從指示。政治不確定性的問題則是民主政治的一個鮮明特徵。它的出現是因為任何一個掌握公共威權的利益集團都只是暫時的，他們必須儘量保證對己方有利的政策在將來不被敵對的利益集團取締。」參見（美）約翰·E·丘伯、泰力·M·默：《政治、市場和學校》，蔣衡等譯，教育科學出版社，2003 年，第 50 頁。

權力制衡的機制。其中的第二、四點正好說明了《大學組織法》壓制「教授治校」的一面。

　　在《大學組織法》公布後，便有人發文指出，取消大學評議會後，導致大學由教授治校的民主制轉而變為了校長專政的獨裁制，「從前之系主任、文理等各科長，或教務長係根據教授會選出，再行加聘。而自從改訂以後，即取消此種選舉辦法，由校長或在校內指派或從校外延聘。這種辦法不僅把民主制改為獨裁制而已，並且於最高學府中侵入官僚化的習氣。因為任用自由即是黜陟自由，由此自由操之於校長，決不能美名之曰行政化而不是官僚化」。〔註232〕1932年，由德國柏林大學教授 C. H. Becker、法蘭西大學教授 P. Langevin 等人組成的國聯教育考察團，在考察中國教育後，也強調：「欲謀大學教育品質之改進，大學教職員地位之改進，亦屬必要事項之一」，而「中國大學之教職員，其地位往往不能令人滿意」，建議國民政府予以改進，「各大學應各有一教授會議（Academic Council），全體教授推選若干人組織之」，職責是「將關於教職員、課程及訓育之意見，貢獻於校長，並協助校長，處理大學一般行政事務」。〔註233〕但國民政府並未採納這些建議，因其教育方針是本著「以黨治國」的原則，將政治勢力滲透全大學，以不斷強化政府對大學的實際控制，以上建議顯然有悖於此。

　　儘管有諸多反對之聲，但在國民政府的威權政治面前，學校如果拒絕履行政府頒行的新教育政策，就會被關閉或者不被官方認可，故全國各主要大學也不得不作出讓步，盡力遵照。〔註234〕1931年8月，教育部還頒布了《督學規程》，每年派人員到各地視察、監督教育實施情況，強調「該校對於部令提示各點尚能切實辦理」；僅1935年被視察的專門以上學校就有97所。〔註235〕大部分大學皆依據《大學組織法》的規定，取消了評議會、教授會等機構，而改設校務會議等其他組織機構，成員構成及職權也基本與法令一致。可見，在國民政府不斷強化對教育控制的大環境之下，「那些有自治權的大學不是被合併

〔註232〕辰：《大學組織法之關鍵》，《鞭策週刊》第1卷第21期，1932年7月24日，第390頁。
〔註233〕國聯教育考察團：《中國教育之改進》，國立編譯館譯，1932年，第200頁。
〔註234〕（美）葉文心：《民國時期大學校園文化（1919～1937）》，馮夏根、胡少誠等譯，中國人民大學出版社，2012年，第2頁。
〔註235〕黃季陸主編：《抗戰前教育與學術》，《革命文獻》第53輯，臺北「中央」文物供應處，1971年，第226～228頁。

就是被取消了自治權，所謂大學自治早已成為了過去」。〔註236〕

以國立中央大學為例，原國立東南大學時期設立的評議會、教授會等機構均被取消，而改設校務會議，負責審議大學預算、課程、內部各種規則，學院、學系或科之設立及廢止，建築設備及校長交議等事項，「以校長、副校長、教務長、事務長、秘書長、各學院院長、圖書館館長及教授代表每院一人組織之」，教授代表的比例遠遠低於校長、副校長等行政人員。各學院院長、系主任以及教員聘任等人事任命，也由校長決定，或校長商同教務長、院長等聘任之，〔註237〕校長掌握著主要人事任免權和行政大權，權力大為增強。北京大學在 1930 年蔣夢麟出任校長後，也取消了評議會、各科教授會等組織，「由教授會議制，一變而為校長獨裁制」。〔註238〕北大改設的校務會議、行政會議和教務會議等機構，皆由校長為主席，成員中除校務會議中有一定的教授代表參加外，其他機構中皆為秘書長、課業長、各院院長等行政人員，教授被排除在外。〔註239〕以校長為首的行政權力集中程度達到頂峰。

除了制定《大學組織法》等教育法規外，由於公立大學的經費主要來源於政府財政，據統計，「中國國立、省立大學之經費，靠中國政府或省政府供給者，占十分之九以上」。〔註240〕為了較好地管理學校經費，國民政府主計處還在各校會計室，專門任命主任一人，負責辦理全校會計事宜，依法接受校長的指示，從而將學校財政大權也集於政府和校長之手。國民政府還採用嚴格的審查制度，控制書籍、報刊雜誌的發行出版，以及其他大眾媒體平臺。〔註241〕1929 年 1 月 22 日，教育部專門制定了《教科圖書審查規程》，通過行政手段將學校教科書的出版、審定納入嚴格的審查之列。要求「學校所用之教科圖書，未經國民政府行政院教育部審定或已失審定效力者，不得發行或採用」。經教育部審定後的圖書，「應在書面上記明某年某月經國民政府行政院教育部

〔註236〕（加）許美德：《中國大學 1895～1995：一個文化衝突的世紀》，許潔英譯，教育科學出版社，2000 年，第 82 頁。

〔註237〕《中央大學組織規程》（1930 年），《南大百年實錄》編輯組編：《南大百年實錄·中央大學史料選》上卷，南京大學出版社，2002 年，第 278～282 頁。

〔註238〕《北平三大學近況》，《大公報》，1931 年 10 月 15 日，第 5 版。

〔註239〕《國立北京大學組織大綱》（1932 年 6 月 16 日），《北京大學日刊》第 2862 號，1932 年 6 月 18 日，第 2 版。

〔註240〕國聯教育考察團：《中國教育之改進》，國立編譯館譯，1932 年，第 171 頁。

〔註241〕（美）史景遷：《追尋現代中國（1600～1949）》，溫洽溢譯，四川人民出版社，2019 年，第 478 頁。

審定字樣,更須就教員用與學生用兩種分別標明」,如果「發行人或編輯人將內容或形式變更,須於兩個月內呈請複審,逾期即失審定效力;正在審查中之圖書,其內容如有變更,得隨時呈請審查」。〔註242〕同時,國民政府還以各學校的財務、師資、課程等為標準,對不同類型的學校進行資格認證,目的除了規範大學「必須達到最低限度的財務和學術質量標準」,以剔除「野雞大學」外;最主要的目的是「使教育部能夠調查國內所有審查合格的大學的運作情況」,從而影響或控制大學的行政組織和學術規劃。〔註243〕

許紀霖從近代知識分子歷史發展的角度指出:1930年代以後,知識分子被嚴重政治化了,社會影響力量日漸下降,逐步從相對獨立的「傳統知識分子」脫變為政治附庸的「有機知識分子」。〔註244〕何兆武在回憶早年求學歷程時也指出,北洋時期,蔡元培執掌北大時,以「兼容並包」的原則,聘請保皇黨的辜鴻銘、劉師培,布爾什維克主義的李大釗、陳獨秀,自由主義的胡適等各色人等來北大任教,但「這在國民黨時期就不可能了」,也可以說明「北洋時期和國民黨時期有多麼大的不同」。〔註245〕這種不同與轉變除與國民政府的「黨化教育」方針,強化校長集權等教育政策相關外,也與國民政府採取高壓恐嚇手段,鎮壓激進師生,圖謀加強對教育控制有關。據統計,僅在1934年間,就有超過300名師生被逮捕;1934年底至1935年3月幾個月間,另有230名師生遭逮捕。〔註246〕即使在上海或天津的租界內,「被國民黨秘密警察綁架或暗殺,都是很平常的事」。〔註247〕國民黨官僚政治對教育事業的高度滲透,也使得一向自命清高的大學和教育部等行政系統,「染上了官場權力爭鬥、派系傾軋、爾虞我詐、弄虛作假、貪污行賄等痼疾」,〔註248〕阻礙了教育

〔註242〕 《教育部公布教科圖書審查規程》(1929年1月22日),中國第二歷史檔案館編:《中華民國史檔案資料彙編》第5輯第1編·教育(一),江蘇古籍出版社,1994年,第89～90頁。

〔註243〕 (美)葉文心:《民國時期大學校園文化(1919～1937)》,馮夏根、胡少誠等譯,中國人民大學出版社,2012年,第115～116頁。

〔註244〕 許紀霖:《近代中國知識分子的公共交往》,上海人民出版社,2008年,第29頁。

〔註245〕 何兆武:《上學記》,人民文學出版社,2016年,第11～12頁。

〔註246〕 (美)史景遷:《追尋現代中國(1600～1949)》,溫洽溢譯,四川人民出版社,2019年,第478頁。

〔註247〕 (美)葉文心:《民國時期大學校園文化(1919～1937)》,馮夏根、胡少誠等譯,中國人民大學出版社,2012年,第82頁。

〔註248〕 李華興主編:《民國教育史》,上海教育出版社,1997年,第809頁。

文化事業的健康發展。

「教授治校」在這種政治社會環境下，自然遭遇多重阻礙，生存環境愈加艱難。在抗戰全面爆發前，北京大學的「教授治校」經過蔣夢麟改造後，已經名存實亡，僅有清華大學憑藉自身的特殊地位和師生的聯合抵制，堅守和維護住了本校「教授治校」的傳統，並在與校長、政府的博弈鬥爭中，體制得以健全完善，至梅貽琦接管清華時迎來黃金發展期（第三章將詳述），成為「教授治校」之典範。

但我們也應看到，南京國民政府建立至抗戰全面爆發之前，社會政局相對穩定，政府也十分重視教育的發展，提供了很大的財政支持。抗戰前的 10 年間，歲出教育經費約占財政總支出的 5%左右，其經費額度也由 1931 年的 18658536 元，到 1936 年增長至 44339962 元，增長率高達 238%，而且中央與地方教育經費的籌措和分配得當，較少發生拖欠教育經費情況。〔註 249〕同時，教育行政管理也漸次完善、穩定，高等教育（包括大學、獨立學院和專科學校三類）呈現快速發展之勢。據統計，至 1936 年，全國共有大學 42 所，其中國立大學 13 所、省立大學 9 所、私立大學 20 所；其他獨立學院（包括國立、省立和私立）共 36 所，專科學校則有 30 所，在校大學生 28530 人，專科生 886 人。〔註 250〕充足的教育經費和不斷完善的教育行政體制，也間接推動了國民政府各項教育政策的貫徹落實。

三、抗戰時期國民政府對大學控制的深化

全面抗戰爆發之後，「國民黨對於高等學校的直接控制空前地加強」。〔註 251〕國民政府在宏觀指導高校遷徙和聯合重組的過程中，趁機採取多方舉措強化對高校的干預和控制。1939 年 3 月，教育部在重慶召開第三次全國教育會議，蔣介石在會上公開反對教育和學術獨立思想，聲稱「今天我們再不能附和過去，誤解了許久的教育獨立的口號，使教育者自居於國家法令和國家所賦予的責任以外，而成為孤立的一群」，反對各大學「各逞所見，各行其

〔註 249〕 王建朗、黃克武主編：《兩岸新編中國近代史·民國卷》下冊，社會科學文獻出版社，2016 年，第 911 頁。
〔註 250〕 《民國二十五年度全國高等教育概況統計表》（1936 年），中國第二歷史檔案館編：《中華民國史檔案資料彙編》第 5 輯第 1 編·教育（一），江蘇古籍出版社，1994 年，第 296～297 頁。
〔註 251〕 馮友蘭：《馮友蘭自述》，中國人民大學出版社，2011 年，第 312 頁。

是」。〔註252〕大會專門通過了一項臨時提案，將蔣介石的大會訓詞作為「今後我國教育之最高指導原則」。〔註253〕蔣的發言無疑為此後的教育政策定了基調和導向。

　　國民政府為響應戰時之需，在教育行政組織方面堅持權力集中、注重簡單直接、處事敏捷等原則，「權力集中則指揮統一、辦事迅速」，「抗戰時期往往變起倉卒，尤須授主持者以全權，俾能自由運用、隨機應付」。〔註254〕「教授治校」這種民主治校機制，通過教授集體協商議決各類事項，效率相對低下，顯然與國民政府強調的以上原則精神相悖。國民政府還通過教育部頒布各項「部訂」規章制度，涉及教師資格審查、待遇聘任、大學課程、教科書和招生辦法等方面，要求學校嚴格按照部頒規定執行，以圖對學校進行全面控制。

　　黃埔系和 CC 派等國民黨派系勢力歷來被視為「追求自由的大學的死對頭」，〔註255〕黃埔系依託「藍衣社」不斷在全國軍事院校安插親信，以圖控制。抗戰爆發後，陳立夫被任命為教育部長，也為 CC 派滲透控制大學提供了有利契機。陳立夫在主政教育部期間，為與復興社主導的三青團爭奪權力與地盤，積極推動 CC 派向大學擴張勢力，除向大學派遣骨幹分子出任要職外，又拉攏文教界名流加入 CC，並成立學運領導小組，直接掌控學生運動。〔註256〕而從 1938 年起，各大學也按照要求，陸續建立國民黨區黨部、三青團〔註257〕分部，並要求院長以上領導人員必須加入國民黨，這種公開地推動「以黨治

〔註252〕《總裁出席第三次全國教育會議講訓詞》（1939 年 3 月 4 日），江西省國民教育師資輔導委員會編：《國民教育言論集》，江西省國民教育師資輔導委員會出版，1941 年，第 6 頁。

〔註253〕《全國教育會議昨閉幕》，《申報》，1939 年 3 月 10 日，第 6 版。

〔註254〕教育部教育年鑒編纂委員會編：《第二次中國教育年鑒》，商務印書館，1948 年，第 81 頁。

〔註255〕（美）易社強：《戰爭與革命中的西南聯大》，饒家榮譯，九州出版社，2012 年，第 83 頁。

〔註256〕桑兵：《國民黨在大學校園的派系爭鬥》，《史學月刊》，2010 年第 12 期，第 60 頁。

〔註257〕據康澤所說：「三青團當時在學校的組織，在原則上劃分為，專科以上學校，成立直屬分團，隸屬於中央團部，受中央團部的直接領導。中等學校，視情形成立分團部或直屬區隊，隸屬於各省（市）支團，受各省（市）支團的領導。」在人事安排上，三青團各學校直屬分團的主任由教授擔任（盡可能以復興社分子擔任），書記則由學生擔任。三青團各校團部「事實上擔任一項預防學潮的任務」，各學校一旦發生學潮，「無論是什麼性質的學潮，蔣介石總是首先問三青團，並責成三青團去處理平息」。參見康澤：《康澤自述》，團結出版社，2012 年，第 90～91 頁。

校」，在中國教育史上也是第一次。〔註258〕

　　1939年5月16日，教育部以《大學組織法》及《大學規程》中，對大學行政組織「尚未有詳細之規定」，且「各校現行組織，大都由各校自行擬定，因此組織未盡健全，名稱亦多紛歧，以致影響行政效率」為由，決定對大學行政組織進行重新調整和規範，制定頒發了《大學行政組織補充要點》。補充要點規定大學設立教務、訓導和總務三處，而這三處的負責人，均要「秉承校長，分別主持全校教務，訓導及總務事宜」，進一步強調校長集權治校的方針。校務會議的人員構成方面也有所調整，「以全校教授、副教授所選出之代表若干人（每十人至少要舉代表一人）及校長、教務長、訓導長、總務長、各學院院長、各系科主任，會計主任組織之」。〔註259〕與《大學組織法》（1929年）中的相關規定相比，補充要點明確了教授代表的推選辦法和人員比例，但也增加了教務長、訓導長、總務長和會計主任等行政人員，教授代表在校務決策中的發言權並未得到真正加強。因為這些行政人員的任命權主要掌握在校長手中，而校長又出自國民政府的指派。因而，就其實質而言，政府直接或間接地掌控著大學主要事務，完全失去了1912年《大學令》中體現民主管理、教授治校的原則理念。另外，補充要點還規定大學須設立訓導會議，討論一切訓導事宜，「由校長、訓導長、教務長、主任導師、全體導師、及訓導處各組主任組織之」。〔註260〕訓導處及訓導會議的設立，也是國民政府加強對大學師生政治思想教育控制的重要表現。

　　大學教員資格的審定，過去均由各大學依據教師的學術地位、成果，自行聘定，故各校教師聘任和等級的標準也參差不齊。陳立夫執掌教育部以後，認為「提高大學素質，審定教員資格正名定分，並多以優禮獎勵，乃當務之急」。〔註261〕在陳的主持和建議之下，1940年10月，教育部制定了《大學及獨立學院教員資格審查暫行規程》，規定大學及獨立學院教員，分為教授、副教授、講師、助教四個等級，並對資格標準作了要求。大學及獨立學院教員資

〔註258〕 馮友蘭：《馮友蘭自述》，中國人民大學出版社，2011年，第313頁。

〔註259〕 《教育部頒發大學行政組織補充要點》（1939年5月16日），中國第二歷史檔案館編：《中華民國史檔案資料彙編》第5輯第2編・教育（一），江蘇古籍出版社，1997年，第699～700頁。

〔註260〕 《教育部頒發大學行政組織補充要點》（1939年5月16日），中國第二歷史檔案館編：《中華民國史檔案資料彙編》第5輯第2編・教育（一），江蘇古籍出版社，1997年，第700頁。

〔註261〕 陳立夫：《成敗之鑒——陳立夫回憶錄》，臺北，正中書局，1994年，第254頁。

格的審查,「由各校院呈送教育部提交學術審議委員會審查之。合於大學及獨立學院教員資格而不在職者,得自行呈請教育部審查之」,教員資格審查合格之後,再由教育部頒發載明等級的證書。〔註262〕由此,大學教員資格的認定、審查權也收歸教育部。

　　教育部制定的法規進一步將教師束縛住,「其一,他們必須遵守那些強令性的規定,於是限制了他們運用自己的專業知識和專業判斷;其二,他們必須填寫各式各樣的正式表格,記錄、彙報自己的工作情況。」〔註263〕在《大學及獨立學院教員資格審查暫行規程》公布之後,各大學教授囿於自身學術性的獨立與清高的品格,「不屑由政府官僚任意抉擇」,故送審者寥寥無幾,社會輿論也多認為此法規「傷害高等學術之尊嚴,亦不予以支持」。〔註264〕此外,教育部為了統一各大學的教學課程,專門制定了「部頒課程表」,編印了一批大學用書,制訂了各國立院校統一招生、考試的措施辦法。在公布的《國立各院校統一招生考試辦法大綱》中,對考試的報名時間、命題形式、招生錄取標準等方面作了明確規定,要求各國立大學及學院從1939年開始依據該辦法,由教育部組織統一招考,錄取後再由教育部分發到各院校。〔註265〕各大學教授對此也是十分反感,課程講授大多仍照其舊,而統一招生考試也由於受戰爭影響,〔註266〕各地聯繫受阻,難以統一組織而很快作罷。

　　為了「黨化學校」和擴大國民黨在教育界的影響,1941年調任國民黨中央組織部長的朱家驊,向蔣介石建議「應多吸收教育界人士入黨,並援引教育界人士辦黨,以改變社會上對國民黨的觀感」,蔣深以為然。〔註267〕為此,國

〔註262〕《大學及獨立學院教員資格審查暫行規程》(1940年10月4日),阮華國編:《教育法規》,大東書局,1947年,第184～186頁。

〔註263〕(美)約翰·E·丘伯、泰力·M·默:《政治、市場和學校》,蔣衡等譯,教育科學出版社,2003年,第64頁。

〔註264〕歐元懷:《抗戰十年來中國的大學教育》,《中華教育界》復刊第1卷第1期,1947年1月15日,第13頁。

〔註265〕《教育部公布國立各院校統一招生考試辦法大綱》(1939年6月),中國第二歷史檔案館編:《中華民國史檔案資料彙編》第5輯第2編·教育(一),江蘇古籍出版社,1997年,第702～703頁。

〔註266〕1938年,教育部組織了第一屆統一招生考試,報名者1.2萬餘人,國立各院校共錄取新生5393人。但由於受戰爭影響,統一招考只堅持了3年,1941年被迫宣布暫停。參見方明、谷成久主編:《現代大學制度論》,安徽大學出版社,2007年,第80頁。

〔註267〕康澤:《康澤自述》,團結出版社,2012年,第218頁。

民黨在各大學建立了直屬區黨部、三青團和訓導處三位一體的思想政治控制體系，並要求各大學校長、院長以上行政領導必須加入國民黨，〔註268〕積極拉攏一些教授加入國民黨，兼職黨部、三青團，以開展黨務、團務工作，黨化學校和影響學生。〔註269〕梅貽琦在1941年5月15日的日記中也提到，蔣夢麟、周炳琳（聯大教授，兼任國民參政會副秘書長）等邀請西南聯大教授聚餐，在「飯後談黨及請大家入黨的意思」，蔣、周等人還作了鼓動性的發言。〔註270〕

一些教授為了獲取生活和學術方面的便利，帶有較強的功利性，選擇加入國民黨，但這也意味著他們對國民黨仍然缺乏絕對的忠誠。而大部分教授選擇與政黨保持一定的距離。據各大學區黨部反饋的情況來看，至1944年，一些國立大學中教授加入國民黨的比例大約占到全校教授的四分之一，經過1945年國民黨第六次全國代表大會決議「黨部退出學校」之後，國民黨組織在大學校園的影響力逐漸弱化。〔註271〕浙江大學校長竺可楨曾尖銳地指出，國民黨拉攏教育界等人士入黨，並不能改變國民黨腐敗之現狀，「國民黨之弊在於當政以後，黨員權利多而義務少，因此趨之者若鶩，近來與人民全不接近，腐化即由於此。拉攏若干人入黨，殊不足改此弊」。〔註272〕

可見，在全面抗戰時期，國民政府並未因戰爭的爆發而放鬆對大學的控制，反而利用財政支持之便，借機採取多方舉措，強化對大學各方面的實際控制，壓縮大學自主性的發展，突顯學術獨立、自治的「教授治校」備受壓制。地處西南邊陲的國立西南聯合大學，依靠相對寬鬆的政治環境和繼承了清華等校民主治校的傳統，而得以推行和維持「教授治校」之制度體制（第三章將詳述）。

綜上所述，南京國民政府建立之後，在政權日益穩固之際，一改北洋時期

〔註268〕 馮友蘭也提到，西南聯大文學院從蒙自邊回昆明後不久，蔣夢麟約集五位院長到其家裏談話，言道：「重慶教育部有命令，大學院長以上的人都必須是國民黨黨員，如果還不是，可以邀請加入。如果你們同意加入，也不需要辦填表手續，過兩天我給你們把黨證送去就是了。」參見馮友蘭：《三松堂自序》，東方出版中心，2016年，第112頁。

〔註269〕 王晴佳：《學潮與教授：抗戰前後政治與學術互動的一個考察》，《歷史研究》，2005年第4期，第35頁。

〔註270〕 梅貽琦：《梅貽琦西南聯大日記》，黃延復、王小寧整理，中華書局，2018年，第36頁。

〔註271〕 賀金林：《1945～1949年間學界陣營分合研究》，湘潭大學出版社，2014年，第132頁。

〔註272〕 竺可楨：《竺可楨全集》第6卷，上海科技教育出版社，2005年，第527頁。

相對混亂、放任的教育行政，開始加強對教育的全面控制。1929 年頒布《大學組織法》對大學內部組織結構進行調整和規範，取消了評議會、教授會等組織機構，強化校長權力，倡導校長集權治校，以圖更好地控制大學。同時，在教育領域推行和實施「黨化教育」，強調集權統一和「以黨治校」，壓制民主、自由主義等思想的發展，「教授治校」備受壓制而轉入低潮。僅有戰前的清華大學與戰時的西南聯大得以延續。同時，兩校均注意結合本校發展實際，在借鑒西方大學模式的基礎上，探索適合自身的組織結構體制，推動了「教授治校」在中國大學的本土化發展。

第四節 「教授治校」的復興期（1946～1949）

抗日戰爭時期，國民政府對於推動高等學校內遷，發展國民教育、社會教育、邊疆教育和救濟、培養青年學生等方面做了諸多工作，中國教育事業的發展並未因戰爭影響而中輟停頓，仍然取得了相當的成就。〔註273〕抗戰勝利後，和平、民主運動在全國興起。1946 年 1 月 16 日，中國共產黨代表團參加在重慶召開的政治協商會議，在其草擬的《和平建國綱領草案》中，明確建議國民政府「廢除黨化教育，保障教學自由」，讓「大學採取教授治校制度，不受校外不合理干涉之」。〔註274〕作為民主辦學重要制度模式的「教授治校」再度引發關注。

更為主要的是，隨著國共內戰的爆發，國民政府忙於應對戰事和通貨膨脹、物價飛漲〔註275〕所引發的經濟危機，對教育文化事業已無暇顧及。加上政府貪腐成風，學潮洶湧，各界反獨裁、求民主的呼聲此起彼伏，國民政府也

〔註273〕以高等教育而言，至 1946 年，經過教育部對各校的調整、歸併，全國專科以上學校共有 182 所，計大學 53 所，獨立學院 62 所，專科學校 67 所，總計較之戰前增長 70%。學生人數在 1945 年下學期的統計中已達 80646 人，比戰前增長了約一倍。參見《抗戰期間的中國教育》（1937～1945 年），中國第二歷史檔案館編：《中華民國史檔案資料彙編》第 5 輯第 2 編教育（一），檔案出版社，1997 年，第 306～397 頁。

〔註274〕《共產黨代表團提出和平建國綱領草案》，《申報》，1946 年 1 月 25 日，第 1 版。

〔註275〕據統計，當時中國國內的紙幣發行量，「從 1945 年末的 2 兆元上升到 1946 年 7 兆元，1947 年春上升到 14 兆元，同年 7 月進一步上升到 16 兆元」，濫發紙幣，引發通貨膨脹和物價高漲，「1948 年 1 月，在上海使用法幣 150 萬元可購大米 50 公斤，同年 8 月，就需 6500 萬元」，僅僅半年多時間，價格就上漲 40 多倍。參見（日）大冢豐：《現代中國高等教育的形成》，黃福濤譯，北京師範大學出版社，1998 年，第 15 頁。

不得不考慮修正大學法令，增強教授參與治校的發言權和決策權，倡言民主治校。同時，受戰局影響，尤其是在解放戰爭後期，國民政府對大學校長的任命屢屢遲滯，個別校長為躲避戰禍也跑去南方避難，造成一些大學一度出現「無校長」執掌校務的局面。在此背景下，為了維護學校的穩定，多所大學開始恢復民初「教授治校」的原則理念，並借鑒清華模式，結合自身現狀調整組織結構，設立教授會、校務維持會、各類事務委員會等組織，實行集體治校，以應對動盪的時局、維護學校穩定。

依據上述之分析，「教授治校」在復興期（1946～1949），大致可以 1948年國民政府頒行《大學法》為界，分為前後兩個階段。前期雖然由於國共內戰的爆發，國民政府一度放鬆了對大學的干預控制，但並未對以校長集權、行政化傾向較重的大學組織法規進行修正，故大多數高校依舊維持原有體制。僅有北大、交大等少數高校借助復員、政府放鬆之際，調整組織結構，率先恢復「教授治校」的原則理念。《大學法》頒布之後，為「教授治校」的推行提供了一定的法理依據，加上受戰局的影響，各校為求生存、穩定，也主動設立教授會等組織，集體協商，共同處理校內事務。

一、北大等校「教授治校」理念的恢復與發展

抗戰勝利後，大後方各內遷高校開始復員、復校工作。為此，教育部專門召開全國教育善後會議，制定和頒布了一系列接收、復員的政策、法令，並與各交通部門商討，動用水運、陸運和空運等多種交通運輸方式，將大後方的師生、設備運往京滬等地復員。在各校復員期間，教育部又借機對全國的國立大學及國立獨立學院進行通盤整合，調整為 53 所國立大學及獨立學院，〔註276〕專科以上學校數量也達到 207 所，〔註277〕在校生 155036 人，各大學聘任的助教以上教師計有 8964 人，其中教授 2700 人。〔註278〕高校在復員、整合期間，

〔註276〕《教育消息》，《上海教育週刊》第 1 卷第 3 期，1946 年 12 月 30 日，第 9 頁。
〔註277〕根據民國 36 學年（1947 年）度第一學期關於全國高等教育的統計：「全國有專科以上學校共 207 所，其中國立大學 31 所，私立大學 24 所；國立獨立學院 23 所，省立獨立學院 21 所，私立獨立學院 31 所；國立專科學校 20 所，省立專科學校 33 所，私立專科學校 24 所。」至民國 37 年（1948 年）國民黨政權瀕臨覆亡前夕，各類教背事業又隨即跌入低谷。參見熊明安：《中華民國教育史》，重慶出版社，1997 年，第 293 頁。
〔註278〕專科以上學校在校生 155036 人之中，研究生有 424 人，本科生有 130715 人，專科生 23897 人。參見李子遲編：《晚清民國大學之旅》，中國致公出版社，2010 年，第 5 頁。

注意結合自身發展實際，調整內部組織機構，為教授會等組織的建立和「教授治校」的推行創造了有利條件。北大、交大和南開等校皆藉此時機，率先設立教授會及其他機構，實行「教授治校」，並迅速引發了連鎖反應，也推動了國民政府調整大學組織法規的步伐。

（一）北大「教授治校」的重新確立

北京大學自 1917 年蔡元培出任校長後，對北大舊體制進行了大刀闊斧的改革，設立了評議會、各科教授會等組織機構，實行「教授治校」。南京國民政府建立後，蔣夢麟出任校長，積極響應中央教育方針，依據《大學組織法》將北大改造為「校長治校、教授治學」制。至抗戰爆發後，北大與清華、南開聯合組建成西南聯大，才重新融入到「教授治校」體制中，這也為戰後北大復員重新回歸「教授治校」奠定了基礎。

作為校長的胡適在北大恢復「教授治校」原則的過程中，發揮了重要作用。1946 年 9 月，胡適正式就任國立北京大學校長，〔註279〕在其上任之前，便有多位北大教授寫信給胡適，盼望其到校後對北大進行改革，以糾正教育界之不良作風。如周鯁生在信中提到，「在過去數年中，一則因為戰時統制政策之自然結果，一則因為大多數校長先生們太無所主張」，以致造成教育界產生諸多不良風氣。但他認為「及今改圖，或猶未晚，端在我們大家之勇斷和努力耳」，故希望胡適「回來領導大學校長們，合力向政府建議作一徹底改革」，以維護學術尊嚴和推動學術教育的發展。〔註280〕羅常培也致信胡適，建議其「回國後開宗明義的第一章，應該把北大恢復到當年蔡先生的自由主義的色彩」，不容許黨派在校園中橫行、教授兼辦黨部和三青團，並希望胡適時刻「保持超然、自由、無為而無不為的精神」來改造北大。〔註281〕

〔註279〕 其實早在 1945 年 9 月，教育部就已任命胡適接替蔣夢麟（辭去校長後，出任行政院秘書長）出任北大校長，但因胡適正身處美國，在其返國前，改由傅斯年代理北大校務。參見耿雲志：《胡適年譜》，四川人民出版社，1989 年，第 323 頁。

〔註280〕 《周鯁生致胡適》（1946 年 1 月 30 日），中國社會科學院近代史研究所中華民國史研究室編：《胡適來往書信選》下冊，社會科學文獻出版社，2013 年，第 879 頁。

〔註281〕 《羅常培致胡適》（1946 年 4 月 24 日），中國社會科學院近代史研究所中華民國史研究室編：《胡適來往書信選》下冊，社會科學文獻出版社，2013 年，第 889 頁。

　　胡適一生都在追求自由、民主和人權等普世價值的實現。蔡元培的民主治校理念深深影響著胡適,即使在國民政府不斷強化對教育控制的環境下,胡適就任北大校長後,也沒有完全將蔡元培的治校作風拋棄掉。〔註282〕早在蔡元培任北大校長,推行「教授治校」體制改革時,胡適就是其中一位堅定的支持者,並積極建言獻策,主動參與謀劃。〔註283〕1922年9月,胡適在北大成立25週年紀念會上,還特別強調北大從「校長學長獨裁制變為『教授治校』制」,對學校發展產生了以下三方面積極影響:「(1)增加教員對於學校的興趣與情誼;(2)利用多方面的才智;(3)使學校的基礎穩固,不致因校長或學長的動搖而動搖全體」,〔註284〕比較全面的總結和肯定了「教授治校」對北大發展的積極作用。歐陽哲生在對民國著名大學校長進行了分類時,也將蔡、胡兩人歸為一類知識領袖型,並指出這種類型的校長常因在學術教育界享有特殊的聲望,而獲得高位與尊重,在治校方面,往往採取「無為而治」,以德服人的方式。〔註285〕事實也的確如此。

　　胡適就任校長後,即著手改造北大,並計劃將北大在十年內辦成「像樣的大學」,而「像樣」的意思就是指「夠上英美普通大學的水平」。〔註286〕言外之意,即準備參照英美大學模式建設復員後的北大。北大在原有文、理、法三個學院的基礎上,又增設了工、農、醫三個學院,學校規模進一步擴大,共計六個學院,三十三個系,學生人數在1947學年度達到了3535人。〔註287〕在學校管理體制上,則重新恢復了「教授治校」原則。

　　北大在1946年8月復校後,鑒於校務會議尚未成立,開始重新設立了教

〔註282〕 李凌:《余冠英老師回憶聯大》,西南聯合大學北京校友會編:《笳吹弦誦情彌切──國立西南聯合大學五十週年紀念文集》,中國文史出版社,1988年,第31頁。

〔註283〕 1917年底,胡適在寫給母親的信中便提到,北京大學「現擬分部組織教授會,適亦為創此議之人,故非將此事辦妥,不能久離京也」。參見胡適:《胡適家書》,北京理工大學出版社,2015年,第147頁。

〔註284〕 胡適:《回顧與反省》,《胡適全集》第20卷,安徽教育出版社,2003年,第103頁。

〔註285〕 歐陽哲生主編:《傅斯年全集》第1卷·序言,湖南教育出版社,2003年,第54頁。

〔註286〕 李向群:《老北大校園變遷回顧》,北京檔案館編:《北京檔案史料(2005.1)》,新華出版社,2005年,第225頁。

〔註287〕 蕭超然等編:《北京大學校史(1898～1949)》,北京大學出版社,1988年,第406～407頁。

授會，在召開的行政會議中決定，「關於立法問題，或遇有關係全校之重要問題，由校長召集教授會議審議之」。〔註288〕恢復了教授在大學決策管理中的話語權，而且不同於蔡元培時期設立的各科教授會，此為校一級的教授會，這顯然是受到了清華大學，尤其是西南聯大時期的影響，某種程度上可視為聯大體制的延續。1947年4月18日，經教授會審議後，北大公布了重新制定的《國立北京大學組織大綱》（以下簡稱「新大綱」），〔註289〕對校務會議、教授會和行政會議等機構的職權、人員構成作了具體規定。

「新大綱」與1932年6月蔣夢麟時期公布的「舊大綱」相比，校務會議的職權未變，仍審議決議學校的財政預算、學系廢立和規程制定等事務，為重要的決策機構。但在人員構成中有所變化，對校務會議中教授代表的選舉辦法、任期，作了明確規定。即北大六個學院中，「每院教授十人選一人，其零數過五人者亦舉一人，每院至少有一人。每年改選一次」。〔註290〕通過限定推選辦法和任期，保障了教授代表在校務會議中過半數，和一些弱小學院均有教授代表參加，以發出本學院教師群體的心聲，突顯了「教授治校」之原則。行政會議中的各院長、教務長等也皆為教授，並實行集體決策；其下設的各種委員會，如圖書委員會、儀器委員會、財務委員會等，也主要由教授參加，「各行政首長採用輪任制，每年改換三分之一」，實行「教授治校」。〔註291〕

孟德斯鳩指出：「一切有權力的人都容易濫用權力，這是萬古不變的一條經驗」，而要防止濫用權力的發生，就必須「以權力約束權力」。〔註292〕為了形成對校務會議、校長權力的制衡，「新大綱」相較於「舊大綱」，最為明顯的不同，是增設了校一級的教授會，由全體教授、副教授組成，職權為「審議校長或校務會議交議事項」。據統計，北大在1947年全校教員共計587人，其中

〔註288〕 王學珍、郭建榮主編：《北京大學史料》第4卷，北京大學出版社，2000年，第10頁。

〔註289〕 1932年6月16日，蔣夢麟任北大校長時期，為響應國民政府倡導校長治校的教育政策，北大制定公布了《國立北京大學組織大綱》，取消了評議會、各科教授會等機構，以削弱教授治校的權力。

〔註290〕 《國立北京大學組織大綱》（1947年4月18日），《國立北京大學週刊》創刊號，1947年5月4日，第2頁。

〔註291〕 徐秀麗：《1940年代後期的國立高校治理──以清華、北大為例》，《史學月刊》，2008年第3期，第64頁。

〔註292〕 （法）孟德斯鳩：《論法的精神》上冊，張雁深譯，商務印書館，1982年，第153～154頁。

教授 158 人，副教授 45 人，占全校教員總數的 35%。〔註 293〕教授會的設立為他們參與校務決策提供了組織保障和平臺。除了校一級的教授會外，北大在基層的系一級還設有系務會議，由系主任、教授和副教授組成，職權為計劃本系教學事項。某種程度上留有蔡元培時期設立各學系教授會的影子，保障了教授在基層組織管理中的決策權。例如復員後的史學系就召開了有多位教授參與的系務會議，開會討論制定了不同於教育部的課程標準，「本系學生不修通史，必修中國斷代史六段，西洋斷代史四段，史料目錄學、史學方法和研究學程各一種」，修滿學分，繳上一篇論文，就可畢業，〔註 294〕顯示出很強的自主性。

胡適之所以在北大只增設了教授會，而沒有像清華大學那樣設立評議會。原因有以下幾點：首先，胡適吸取了蔡元培時期北大評議會內部一些教授結派鬥爭，導致紛爭不斷，議決效率低下的教訓，評議會容易造成少數學術寡頭操縱把持的局面，也是胡適不願意看到的。其次，胡適借鑒了 20 世紀 30 年代蔣夢麟治理北大時，注重效能的經驗。北大已設立的校務會議，某種程度上已兼具評議會的性質，故為了提高議事效率，也無需再增設一重複掣肘機構，某種意義上而言，這也是胡適結合北大自身實際，對「教授治校」進行本土化改造的一種嘗試。

北大作為全國大學的領頭羊，在中國高等教育界享有特殊的地位和影響力，據何廉回憶：「大多數國立大學都在北大集團的控制之下，如國立中央大學、國立武漢大學、國立中山大學、國立浙江大學、國立山東大學等等；除去陳立夫擔任教育部長那一段時期之外，國民黨政權在南京的整個時期，教育部是由北大集團的人控制的」。〔註 295〕鑒於北大在教育界的特殊地位，以及胡適等學者在學術界的影響力，北大復校後的系列操作，對「教授治校」原則理念的恢復，迅速在教育界引起巨大反響。

為了促使國民政府革新大學教育中存在的弊病，根本轉換大學治理觀念，保證學術的自由獨立。1947 年 9 月 28 日，胡適又在《中央日報》上發表《爭取學術獨立的十年計劃》一文，建議政府增加教育經費，為大學整頓發展、擴

〔註 293〕 《國立北京大學》，吳惠齡、李壑編：《北京高等教育史料》第 1 集（近現代部分），北京師範學院出版社，1992 年，第 7 頁。

〔註 294〕 王應憲：《現代大學史學系課程概覽（1912～1949）》，上海古籍出版社，2018 年，第 686 頁。

〔註 295〕 何廉：《何廉回憶錄》，朱佑慈等譯，中國文史出版社，1988 年，第 287 頁。

充設備提供保障，使其成為「各地最好的大學」；對於現行的大學制度，胡適建議「應該及早徹底修正，多多減除行政衙門的干涉，多多增加學術機關的自由與責任」。〔註296〕北大經濟學系教授樊弘也在《世紀評論》上也發表文章，強調要想在中國真正實現大學的學術獨立，「須有賴於教授治校的制度的推行和示範」。〔註297〕史學系教授向達也發表文章，呼籲取消訓導處，由教授會治校，贏得廣大學生的聲援。〔註298〕此類文章的發表推動了「教授治校」理念的傳播，也深刻影響了後續國民政府教育政策的調整。

除了北大在復校後旋即設立教授會之外，在戰後復員時期，轉為國立大學的交通大學、南開大學等校，也在復校後趁著改造內部組織結構之際，迅疾成立教授會，並學習借鑒西南聯大、清華等校「教授治校」的模式經驗，健全和完善本校體制。

（二）交通大學「教授治校」的開展

國立交通大學在還是私立大學的北洋政府時期，就較早借鑒美國模式，在校內設立了評議會、各科教授會等組織，實行「教授治校」，不過持續時間僅一年左右，交大便因學潮不斷，被拆分為兩校，評、教兩會也被取締。抗戰勝利後，交大回到上海復校，借助復校改組之際，在校長吳保豐的主持下，於1946 年 2 月組織成立了教授會，由全體教授、副教授組成，決議凡學校教育長、各院院長等均由全體教授票選產生，實行教授治校。〔註299〕

2 月 17 日，教授會召開第一次會議，討論制定了教授會章程，並選舉出理事會和設立各專門委員會，以協助學校事務管理。大會決定設立理事會，作為教授會的常務、執行機構。以民主投票方式，選舉出陳石英（23 票）、裘維裕（19 票）、陳大燮（17 票）、鍾兆琳（16 票）、王達時（16 票）、祝百英（14票）、潘承梁（13 票）七人為理事，曹鶴蓀（13 票）、季文美（13 票）、陳湖（13 票）三人為候補理事。大會還討論修訂了教授會章程，決定設立教職員

〔註296〕胡適：《爭取學術獨立的十年計劃》，楊東平主編：《大學精神》，文匯出版社，2003 年，第 136 頁。

〔註297〕樊弘：《除非教授治校　學術難望獨立》，《世紀評論》第 3 卷第 2 期，1948 年1 月 10 日，第 6 頁。

〔註298〕王應憲：《現代大學史學系課程概覽（1912～1949）》，上海古籍出版社，2018年，第 689 頁。

〔註299〕《上海高等教育志》編纂委員會編：《上海高等教育志》，上海社會科學院出版社，2010 年，第 162 頁。

聘任委員會（由本會票選教授七人充任之，以評定新聘及升等教員之等級）、經濟稽核委員會（由本會選舉代表三人參加學校原有之經濟稽核委員會）、福利委員會（本校應改設立福利委員會七人由教授中互選之）等專門事務委員會。〔註300〕大會還就涉及交大教授切身福利的報酬、住宅、子女教育和復員安家費等問題商議處理方案。

交大在未設立教授會之前，校長掌握著學校的各種權力，並通過主持下的校務會議，決策指揮全校的教學行政工作。教授會及其選出的理事會、各種專門委員會的設立改變了這一局面，教授開始積極參與校務管理。

另外，交大教授會還議決通過了「以本大學教授會名義發起組織上海各大學教授協會，並進行組織全國教授協會」的提案。〔註301〕此提案很大程度上借鑒了美國大學教授協會的組織模式，目的在於強化教授會的影響力、維護教授權益和大學的學術自由，更為主要的是要以集體力量，應對動盪的時局和改善生活待遇。在1946年初，通貨膨脹、幣值貶值已十分嚴重。上海市各大學教授的月薪，約五百元左右，「二月份以八十倍計算，連同生活津貼二萬八千元，共只六萬餘元，不能維持一家生活」。〔註302〕有鑑於此，上海各大學教授代表160餘人，於3月4日在復旦大學集議，組織成立了「上海市大學教授會」，並推選出劉大杰、李熙謀等25人為理事會理事，金通尹等五人為監事。後又於3月6日召開理監事聯席會議，商討同人待遇，增進同人福利，及其他聯誼事宜。〔註303〕受上海各大學組成教授會的影響，1946年7月4日，重慶市內的國立專科以上學校也組織成立了教授會聯合會，決議進一步組織全國性專科以上學校教授會聯合會，並建議於本年十月前，在南京召開會議。〔註304〕

〔註300〕 其實在抗戰爆發後，交通大學校舍為日軍搶佔，遂遷入上海法租界，借震旦大學與中華學藝社為校舍繼續上課，並成立了教授會負責校務。1940年在重慶設立交通大學分校，至1941年太平洋戰爭爆發，上海租界為日軍所佔，遂全部遷往重慶九龍坡，由吳保豐繼任校長，教授會也隨之取消，代之以校務會議、行政會議。參見陳石英：《復員情況》，《交通大學校史》撰寫組編：《交通大學校史資料選編（1896～1937）》第2卷，西安交通大學出版社，1986年，第485頁。
〔註301〕 《國立交通大學教授會第一次記錄》（1946年2月），《交通大學校史》撰寫組編：《交通大學校史資料選編（1896～1937）》第2卷，西安交通大學出版社，1986年，第487～489頁。
〔註302〕 《大學教授生活艱苦》，《申報》，1946年3月23日，第2版。
〔註303〕 《教授會商討待遇》，《申報》，1946年3月6日，第5版。
〔註304〕 《渝區國立學校成立教授聯會》，《申報》，1946年7月7日，第6版。

　　交大在設立教授會之後，又在校長吳保豐離職期間，推選教授代表組成臨時校務委員會，逐步踐行「教授治校」。1947 年 5 月，交大學生在校內外進行了一系列「反饑俄、反內戰、反迫害」鬥爭，但卻遭到了軍警和特務的毒打，並包圍學校搜捕參與運動的進步學生。校長吳保豐因同情學生運動，被蔣介石特召至南京訓話，令其立刻辭職。後吳以身體欠佳為由，正式提出辭職。〔註305〕吳保豐走後，〔註306〕校務由新成立的臨時校務委員會負責維持，周銘、裘維裕、朱物華、陳湖、李泰雲、楊蔭博、王之卓、陳振銑、季文美九位教授為委員。〔註307〕至 9 月 27 日，教育部任命程孝剛為交大校長，程氏畢業於美國普渡大學機械系，曾任交大秘書長、交通部技監等職。〔註308〕上任後以「光明誠懇」、「自由安定」為原則，處理校事。〔註309〕程孝剛所提的這兩個原則也與「教授治校」的內涵理念相呼應。

　　為求學校長久安定，工學院教授茅以升建議參照清華模式，完善交大「教授治校」體制。當時的清華大學在復校後，取得了很大發展，共有五個學院，二十六個系，二十三個研究所，在校學生達 2500 人，「教授治校」也一直是「清華的傳統」，並形成了以教授會、評議會和校務會議為核心的組織結構。〔註310〕清華的成功典範為交人健全「教授治校」提供了重要參考。

　　依據抗戰前制定的《交通大學組織規程》中的規定，校長掌握著全校主要的人事權，「本大學教職員由校長聘任或委用」。〔註311〕為了改變這種局面，1947 年 10 月 5 日，交大工學院經過全體教授開會討論，決定：「凡該校教務

〔註305〕 上海交通大學誌編纂委員會編：《上海交通大學誌》，上海交通大學出版社，1996 年，第 38 頁。

〔註306〕 吳保豐的去職跟教育部長朱家驊也有很大關係，吳是陳立夫一派的人，這場鬥爭也有「朱陳之爭」的因素。參見季文美：《憶交大教授的三次罷教鬥爭》，上海歷史研究所教師運動史組編：《上海教師運動回憶錄》，上海人民出版社，1984 年，第 413 頁。關於「朱家驊與 CC 派」、「國民黨在校園的派系鬥爭」等方面的研究，可參見桑兵：《歷史的本色：晚清民國的政治、社會與文化》，廣西師範大學出版社，2016 年，第 354～402 頁。

〔註307〕 凌安谷主編：《西安交通大學大事記（1896～2000）》，西安交通大學出版社，2004 年，第 123 頁。

〔註308〕 《程孝剛繼任交大校長》，《教育通訊（漢口）》復刊第 4 卷第 3 期，1947 年 10 月 1 日，第 33 頁。

〔註309〕 《記程校長就職典禮》，《交大友聲》第 2 期，1947 年 9 月 8 日，第 39 頁。

〔註310〕 《清華大學》，《申報》，1948 年 6 月 23 日，第 6 版。

〔註311〕 《交通大學校史》編寫組編：《交通大學校史（1896～1949）》，上海教育出版社，1986 年，第 438 頁。

長、各院長、各系主任，均應由全體教授票選擔任，採取清華大學方法，以求學校安定，並築立學校百年大計之基礎」。〔註312〕為了擴大影響和尋求支持，工學院院長王之卓在接受《申報》記者訪問時，專門強調了「教授治校」的優點：「既可減輕校長一人之責任，亦可藉此獲得學校之安定」。王之卓將工學院全體教授提議仿照清華模式，用投票的方式選舉各院系領導的意見，提交教授會審議，並送請校長程孝剛作為參考。程孝剛對於工學院全體教授的提議，表示「絕對願意接受」，還宣稱：「個人早就有此想法，現在亦願如此做。俟將各教授意見匯齊加以整理，然後會商辦法，即付實行。」〔註313〕可見，交大上下就仿傚清華模式，以完善交大「教授治校」體制的建議已基本達成共識。

交大為了將「教授治校」制度規範化，專門制定了多種簡章、草案。1947年10月，交大正式公布《國立交通大學教授會簡章》，明確規定教授會為「本校最高評議機構」，由專任教授、副教授組成。簡章也依照1946年教授會的決議，列明瞭理事會和各種委員會的職責。教授會全體大會於每學期開始時及終了時各舉行一次，作為教授會常務機構的理事會，由理事主席召集，每月舉行一次。理事會還負責召集教授會全體大會，教授會召開臨時大會，也由理事會或教授會會員七人以上聯署提請理事會召集之。可見，理事會充當了教授會常務機構的角色，處理日常事務。簡章還對教授會開會、表決人數作了規定，以保證民主性，「以會員過半數為開會法定人數，表決時以出席人數之二分之一以上為表決法定人數」。〔註314〕交大的教授、副教授一直在全校教師中佔有很大比例。以1947年為例，交大全校教師有280人，其中教授、副教授達167人，占全體教師比例近60%，講師和助教分別有29人、84人。〔註315〕教授會的設立為教授群體參與校務決策提供了機構平臺。

依據先前工學院全體教授所提的建議，交大又制定了《交通大學教務行政人員選舉辦法草案》，明確規定：「本校教務行政人員包括教務長、各院長及各系科主任」，均採用直接普選辦法，且選舉人僅限於教授和副教授。具體辦法

〔註312〕《交大教授建議教授治校》，《申報》，1947年10月6日，第6版。
〔註313〕《交大工學院建議教授治校，程校長已表示接受》，《申報》，1947年10月9日，第6版。
〔註314〕《國立交通大學教授會簡章》（1947年10月），《交通大學校史》撰寫組編：《交通大學校史資料選編（1896～1937）》第2卷，西安交通大學出版社，1986年，第677頁。
〔註315〕《交通大學校史》編寫組：《交通大學校史（1896～1949）》，上海教育出版社，1986年，第440頁。

為：「教務長由本校全體教授及副教授選舉，院長由備該院教授及副教授選舉之，系科主任由各該系科教授及副教投選舉」，選舉事務均由教授會及理事會負責辦理。〔註316〕此草案的公布，使交大教授會不僅成為全校最高的審議機構，還掌握著教務行政人員的人事選舉權。

此外，為保障教師權益，在教授會的建議下，交通大學還專門設立了聘任委員會，負責審查教師的升等和聘任新教員事務。1948 年 11 月 2 日，公布了《聘任委員會簡章》，聘任委員會，「以校長、教務長、各學院院長及教授代表六人組織之，教授代表由教授會選舉之，任期一年」，每學期舉行一次。〔註317〕教授代表佔據很大比例，對於教員升等和新教員聘任等與教師關係密切的事項享有較大的發言權。不僅如此，其他各類委員會的代表，如校務會議、福利委員會、基金委員會等也主要由教授會選舉產生。如在 1948 年 12 月 8 日上午九時，教授會在容閎堂會議室召開大會，投票選舉出了理事會及校務會議、福利委員會、聘任委員會、經濟審核委員會、基金委員會等各種委員會代表。〔註318〕

交大教授會以「增進同仁福利」和「協助學校發展」為宗旨。在通貨膨脹日趨嚴重，政府調整待遇遲遲不決的情形下，為改善交大師生的生活待遇，教授會數度向總統、行政院、教育部和社會人士呼吁，但終無結果。最後決定聯合復旦大學教授會發起組織上海國立專科以上學校教授聯誼會。約集的其他國立學校有同濟大學、暨南大學、上海商學院、上海醫學院等校，並推選教授代表，親赴南京請願，呼籲改善待遇。為了解決教職員子弟的讀書問題，教授會開會討論決定，推選陳湖、吳有訓等 15 位教授為校董，向教育局申請創辦文治中學。教授會還通過多次開會討論，對教授的休假退休條例作了修訂，並成立了全校性的應變機構等。〔註319〕以上這些舉措，深刻體現了交大「教授治校」的理念，及教授會在其中的地位與作用，有力地維護了交大師生的權益和學校的發展穩定。

〔註316〕《交通大學教務行政人員選舉辦法草案》（1948 年），《交通大學校史》撰寫組編：《交通大學校史資料選編（1896～1937）》第 2 卷，西安交通大學出版社，1986 年，第 687 頁。
〔註317〕《聘任委員會簡章》，《交大週刊》第 41 期，1948 年 11 月 10 日，第 1 頁。
〔註318〕《教授會選舉竣事　各委員會代表均產生》，《交大週刊》第 44 期，1948 年 12 月 1 日，第 2 頁。
〔註319〕曹鶴蓀：《一年來本校教授會》，《交大週刊》第 60 期，1949 年 4 月 8 日，第 8～9 頁。

（三）南開、建國法商學院「教授治校」的推行

除北大、交大率先恢復「教授治校」原則外，作為私立大學的南開在戰時與北大、清華聯合組建西南聯大後，平等、自由的氣氛日濃，民主治校蔚然成風。〔註320〕1946年5月，南開大學復校後，奉命由原先的私立大學改為國立，仍以張伯苓為校長。復員後的南開，並未忘記西南聯大時自由民主的風範和「教授治校」的原則理念，很快便設立了教授會等組織機構。

1947年10月20日，南開大學又公布了《國立南開大學教授會會章》。教授會「以促進教學效率，協助學校發展並與學術界作應有之聯繫為宗旨」，成員由全校專任教授、副教授組成，職權為評議全校校務。南開也跟交通大學類似，在教授會的基礎上，設立了理事會，作為常務和執行機構。理事會由教授會推選出的九位理事組成，另再推選三人分別擔任理事會主席、秘書和總務之職。教授會每學期召開二次，由理事會負責召集，「但經會員十人以上之提議，得召集臨時大會。凡大會以全體會員半數為法定人數，其主席臨時推定之。」教授會或理事會認為必要時，也可以臨時決定設立特種委員會。〔註321〕

除了教授會之外，南開在復校後，也設立有聘任委員會、招考新生委員會和畢業生成績審查委員會等各專門事務委員會。〔註322〕教授會和各類事務委員會的設立，為教授參與治校提供了組織保障，並在1948年平津地區處於相對動盪的時局環境下，對於穩定學校秩序、維護師生權益發揮了重要作用，下文將詳述。

建國法商學院也在這一時期較早公開地宣布實行「教授治校」。1947年2月，由中國地政研究所在南京創辦的建國法商學院正式成立，並開始招生。學校以蕭錚為院長，下設法律系，內分公法組、司法組；經濟系，內分地政組、工商管理組；政治系，內分地方自治組及行政組；會計銀行系，內分會計組及銀行組；同時籌辦地政社會問題、國際貿易邊疆問題、華僑經濟等研究所，學院注重實習調查與各種社會問題的實地研究。在體制管理方面，「純採教授治校制，院長由教授中互選，每任二年，不得連任。各系主任亦由各系教授互選。

〔註320〕南開大學校史編寫組編：《南開大學校史（1919～1949）》，南開大學出版社，1989年，第259頁。
〔註321〕《國立南開大學教授會會章》（1947年10月20日），王文俊等選編：《南開大學校史資料選（1919～1949）》，南開大學出版社，1989年，第163頁。
〔註322〕陳其津：《我的父親陳序經》，長征出版社，2007年，第345頁。

學生在校，將以實行民主自治為原則，品德訓導，將純採導師制」。〔註 323〕

建國法商學院的規模較小，師生人數也很少。1947 學年度第一學期該院有教職員 48 人、招收學生 493 人，〔註 324〕這種小規模的院校，也易於管理和推行「教授治校」「學生自治」等師生「行會」型模式。其存在時間較短，至1949 年 4 月南京解放後，學校由南京市軍管會接管。

二、國民政府對「教授治校」的重新肯定

在北大、交大等校率先恢復「教授治校」的原則理念，增強教授參與校務決策的權力之後，伴隨著內戰引發的社會經濟秩序的混亂，各地紛紛掀起反內戰、爭民主的示威遊行，風潮迭起，「在學生及民眾的思想意識中已開始出現了『背離』國民黨的念頭」。〔註 325〕為了響應民主要求，緩解示威風潮，國民政府也不得不反思一直推行的「黨化教育」政策，並著手對原先的大學法規進行修正調整，重新恢復了民初《大學令》中「教授治校」的精神理念，承認各校設立教授會的既有事實，增強教授在校務決策管理中的發言權。

其實早在 1946 年 7 月，教育部就曾邀集有關高校負責人，及相關專家 30餘人召開高等教育會議，討論修訂《大學組織法》《專科學校組織法》及補充要點、邊疆教育、國立研究機構、教職員薪俸、夜校等問題。其中在討論《大學組織法》及補充要點的修正問題時，大致決議要改進訓導長制度，在會議組織方面，則決定「擴大學校會議組織，成立教授會，以符合民主精神」。〔註 326〕但限於一些因素的影響，國民政府遲至 1948 年 1 月才頒布《大學法》，對原有的《大學組織法》予以修訂。《大學法》雖然並未恢復教授會、評議會等組織機構。但與 1929 年公布的《大學組織法》相比，《大學法》對校務會議、院務會議的人員構成、職權作出了調整，增強了教授在校院事務決策管理中的發言權，某種程度上也推動後期「教授治校」的回歸。

《大學法》中校務會議的組成人員相對於《大學組織法》而言，雖然增加了教務長、訓導長和總務長三人，但同時又規定此三長「由校長聘任之，均應

〔註 323〕《建國法商學院正式成立開始招生》，《申報》，1947 年 2 月 25 日，第 5 版。
〔註 324〕 教育部教育年鑒編纂委員會編：《第二次中國教育年鑒》，商務印書館，1948年，第 223 頁。
〔註 325〕（日）大冢豐：《現代中國高等教育的形成》，黃福濤譯，北京師範大學出版社，1998 年，第 16 頁。
〔註 326〕《高教會議結束》，《申報》，1946 年 7 月 28 日，第 6 版。

由教授兼任」，訓導長也不再由政府任命。而且《大學法》對於參加校務會議的教授代表名額，作了嚴格的規定：「教授代表之人數，不得超過前項其他人員（指校長、教務長、訓導長、總務長、各學院院長等行政人員）之一倍，亦不得少於前項其他人員之總數。」〔註327〕從而保證了教授代表人數在校務會議中大於或等於校長等當然會員，而佔據絕對多數。

以國立中央大學為例，中央大學「遵照《大學法》規定教授代表須增加一倍強」，對校務會議中參會的教授代表人數作了調整。將原先《中央大學校務會議規則》中的第五條：「教授推選本會議會員特按學院分別舉行，每教授 10 人選舉會員 1 人，餘數如滿 6 人得加選會員 1 人，其不滿 10 人之學院得按照學院分別選舉 1 人。」修改為：「教授推選本會議會員按學院分別舉行，每教授 5 人選舉會員 1 人，餘數如滿 3 人得加選會員 1 人。」〔註328〕經過修正之後，參與校務會議的教授代表人數增加了一倍多。教授代表佔據主導地位，無疑增強了教授在校務決策管理中的發言權。

《大學法》在校務會議的職權方面，還增加了審議「教務訓導及總務上之重要事項」等內容，使其成為全校最高的審議機構，也是對民初教授所獲權力的再次肯定，重新確立了教授參與大學內部管理的主導地位。而增設的行政會議（由校長、教務長、總務長、各院院長等組成），負責「協助校長處理有關校務的執行事項」，並不具有決策職能，也從側面保障了校務會議決策的有效執行。在學院一級，《大學法》對院務會議的構成人員也作了調整，由原先的院長、系主任組織，增加了教授、副教授代表，負討論決定學院的學術設備及其他有關院務事項，從而彌補了《大學組織法》中無教授代表參加院務決策管理的缺憾。〔註329〕各學系也設有系務會議，「以系主任、教授、副教授、講師組織之」，討論本系教學研究及其他有關事項，院、系務會議的設立與人員調整，保障了教授在基層院、系務管理上的決策權。

〔註327〕《大學法》（1948 年 1 月 12 日），王學珍、張萬倉編：《北京高等教育文獻資料選編（1861～1948）》，首都師範大學出版社，2004 年，第 941～942 頁。

〔註328〕《國立中央大學校務會議 37 年度第一次會議記錄》，《南大百年實錄》編輯組編：《南大百年實錄・中央大學史料選》上卷，南京大學出版社，2002 年，第 524 頁。

〔註329〕1929 年 7 月，國民政府頒布的《大學組織法》中規定：院務會議僅「以院長、系主任及事務主任組織之」，審議學院一切進行事宜，教授被排除在外，院務決策權集於兩三人之手。參見《法規：大學組織法》，《立法院公報》第 8 期，1929 年 8 月，第 124～125 頁。

此外,《大學法》還對設立的訓育委員會的構成人員作了限定,「以校長、教務長、訓導長為當然委員,並由校長聘請教授三人至十五人組織之」,也顯示出國民政府肯定和推動教授參與校務管理的一面。教務會議也由原先的「系教務會議」提升至「校級」,提高了教授參與教學管理的層次。

三、多所大學設立教授會實行「教授治校」

1948 年下半年,國民黨在軍事上節節敗退,國共兩軍的實力強弱態勢發生重大變化,經濟上也陷入崩潰邊緣,呈現全面失敗的跡象。隨著解放軍在遼瀋、淮海和平津三大戰役的漸次展開,國民政府的統治已岌岌可危。為應對動盪的時局,求得學校穩定,多所大學紛紛成立教授會及校務維持委員會等機構,實行「教授治校」,集體決策處理校務。

當時的社會輿論界也普遍支持教授應在學校穩定發展中發揮作用,國民政府已處於垮臺的邊緣,一些大學校長也趁勢出走南遷,躲避戰禍,「時至今日,政府對於大學,大學當局對於學生,已可謂盡不干涉的極致」;在此情形下,教授應當負起責任,「教授不僅限於教書分內之事,而首在確立教育與教授的尊嚴,共謀安定講學的環境」,「教授於此,當輔助校長,通過校務會議與教授會職權的運用,以維護學校的安定與風氣的改善」。〔註 330〕

(一)遷校之爭中教授會的角色

北平是大學最為集中的城市之一,在平津戰役打響之際,教育部曾計劃將北平、天津等地的著名學府南遷。平津各大高校在「遷」與「留」之間徘徊抉擇,教授會在此期間扮演著重要角色,擁有最後決定權。

平津地區各大學就是否遷校展開了激烈討論。1948 年 11 月 22 日,北京大學首先召開校務會議,討論是否遷校一事,最後「決定不南遷」。〔註 331〕而依照 1947 年公布的《國立北京大學組織大綱》中的規定,校務會議決議過的重要事項,還必須經教授會審議後,方可通過。故在 11 月 24 日,北大又召開教授會議,「對是否南遷問題,再度提出討論,最後通過不遷校」。〔註 332〕除北大決定不南遷外,清華大學也經過教授會、評議會等討論後,表示決不南遷。〔註 333〕國民政府在「搶救」北平國立各高校負責人及中研院在平院士

〔註 330〕 《社論:學潮中教授的地位》,《申報》,1948 年 4 月 26 日,第 2 版。
〔註 331〕 《北大不南遷,校務會議已通過》,《申報》,1948 年 11 月 24 日,第 2 版。
〔註 332〕 《北大教授會通過不遷校》,《申報》,1948 年 11 月 25 日,第 2 版。
〔註 333〕 《清華大學決不南遷》,《申報》,1948 年 11 月 23 日,第 2 版。

時，大部分人也「表示皆願服務至最後」，選擇留下。〔註 334〕

　　南開大學校長張伯苓在 1948 年 6 月，一反過去多年恪守「不介入政治」的信條，在蔣介石的親自邀請下，出任國民政府考試院院長。按照政府規定，張伯苓不應同時再擔任教育部直屬下的大學校長一職。為此，教育部長朱家驊還專程到張伯苓寓所，商談辭去校長一事，並提議由南開經濟研究所所長何廉出任校長，張伯苓也欣然同意。〔註 335〕10 月 13 日，國民政府以張伯苓「另有職務」，准予辭職，正式任命何廉為校長。〔註 336〕但在 1948 年底，平津戰役即將打響之際，僅主持校務一個多月的何廉便選擇南下廣東躲避。學校曾以行政會議名義發電文催其返津，何廉在 12 月 16 日的回電中稱：「班機停止，無法飛津，局面至此，至感不安，一切請兄等費神主持。」〔註 337〕自此，南開大學在解放前夕，一度處於沒有校長的局面，這也為「教授治校」的真正施行提供了很好的機會。

　　南開在無校長主政的情形下，校政管理主要由黃鈺生、楊石先等幾位教授為核心，實行集體領導，教授會對於維護學校穩定和師生權益發揮了重要作用。如早在 1948 年 4 月平津地區動盪之際，教授會就專門致電國民政府，要求其嚴懲「搗毀學校、傷人擄人」的暴徒。〔註 338〕而對於是否遷校一事，教授會更是十分重視，擁有最後決定權。12 月 11 日，教授會召開會議，對校務會議討論的遷校事宜進行覆議，最終議決「不遷校」。大會還決定成立特種委員會，以「保護校產，策劃全校員生工人之安全」，並推定吳大任、滕維藻、肖采瑜、孫克壯等七位教授為委員。〔註 339〕12 月 13 日，經教授會審議通過，公布了《南開大學特種校務委員會組織原則》，規定特種校務委員會在必要時

〔註 334〕當時國民政府要求北平國立各高校負責人及中研院在平院士，「奉命撤退，惟多數表示皆願服務至最後」。參見《平各校負責人》，《申報》，1948 年 12 月 26 日，第 1 版。
〔註 335〕何廉：《何廉回憶錄》，朱佑慈等譯，中國文史出版社，1988 年，第 291～292 頁。
〔註 336〕《國立南開大學校長任免》（1948 年 10 月 13 日），臺北「國史館」藏，國民政府檔案，檔案號：014-090203-0029。
〔註 337〕南開大學校史編寫組編：《南開大學校史（1919～1949）》，南開大學出版社，1989 年，第 332 頁。
〔註 338〕《國立南開大學教授會電國民政府為近日北平、天津連續發生暴徒搗毀學校情事》（1948 年 4 月），臺北「國史館」藏，國民政府檔案，檔案號：001-090341-00001-067。
〔註 339〕《決定不遷校》，王文俊等選編：《南開大學校史資料選（1919～1949）》，南開大學出版社，1989 年，第 163 頁。

「得動員全校學生、員工」，且在運用全校之人力、物力時，「不必透過行政會議或秘書、教務、訓導三處，其在法規上須有經常行政人員簽署之處一律照辦」。〔註340〕身處重慶的張伯苓也時刻關注著南開，並在12月中旬專程致電南開教授會，請其「協助維持學校」。〔註341〕

　　南開大學在「教授治校」的原則理念下，依靠教授、師生的集體力量應對動盪的時局，推動了校園秩序的穩定。據魏宏遠回憶所說，南開在當時的特殊時期，「校園文化生活是豐富多彩的，沒有恐慌和不安。讀書唱革命歌曲、詩朗誦會、壁報、聖誕節晚會等充滿校園。」〔註342〕

　　三大戰役之後，國民黨大勢已去。1949年初，南京國民政府一方面中樞易人，謀求與中共和談；一方面指令長江沿線各重要政府機關和大專院校，向華南、西南地區和臺灣遷移疏散。教育部為此專門擬定了「北校南遷成立聯大計劃」，還計劃將「各院校不同之學系，分別並為性質相同之獨立學院」。〔註343〕當戰爭瀕臨上海之時，地處上海的各大學也在遷校與否中徘徊。12月5日下午，交通大學召開緊急全體教授大會，百餘名教授參會，大會一致決定「不遷校」。〔註344〕國立暨南大學、同濟大學等校也相繼成立教授會，就遷校等重大事項作出討論。

　　暨南大學原先並未設立教授會，自1927年南京國民政府建立後，由私立升格為國立大學後，依據公布的《國立暨南大學組織大綱》，暨大保留了董事會，同時設立了校務會議、行政會議和訓育委員會等議事機構，也設立了法規、教職員升等、圖書、出版等各類委員。〔註345〕管理體制上表現為董事會領導下的校長負責制。但到了1948年12月，隨著戰局的變化，暨大校長李壽雍〔註346〕呈文教育部長朱家驊，建議將暨南大學遷往臺灣。稱：「近戰局張弛

〔註340〕《南開大學特種校務委員會組織原則》（1948年12月13日），龔克主編：《張伯苓全集》第9卷，南開大學出版社，2015年，第473頁。
〔註341〕南開大學校史研究室：《楊石先文選》，南開大學出版社，2017年，第254頁。
〔註342〕魏宏運：《1948年12月國共爭奪知識分子的搏鬥》，南開大學歷史學院編：《中國近代歷史的進程》，天津人民出版社，2017年，第265頁。
〔註343〕《北校南遷設聯大，教部已擬有計劃》，《申報》，1948年12月24日，第2版。
〔註344〕《交大教授會議決不遷校》《申報》，1948年12月6日，第4版。
〔註345〕《國立暨南大學組織大綱》（1929年），中國第二歷史檔案館藏，教育部檔案，檔案號：5-2170。
〔註346〕李壽雍（1902～1984），字震東，江蘇鹽城人。1921年考入北京大學經濟系，1929年留學英國牛津、倫敦大學，修財政經濟，1935年回國後，歷任中央大學、湖南大學等校教授；江蘇省政府委員兼財政廳長、蘇南行署主任等職。

不定，職與暨大同仁雖力持鎮靜，然不能不作萬一之準備。蓋緣本校僑生皆來自南洋，千萬里以外之僑胞以其子弟相託，殊不能不為其籌萬全之策。所以為教育、亦所以固政府信用故，暨大處境與京滬其他大學不同。茲擬派員赴臺灣以籌辦附中名義，密為準備。」〔註347〕朱家驊甚為贊同，並著教育部下發通知，准予暨大遷往臺灣。為了減少教職員的反對，李壽雍又特意向教育部申請，預撥款教職員兩月的薪金，作為教職員及其家屬遷臺的費用。〔註348〕並計劃趁寒假學生離校期間，盡快辦理遷校事宜。

　　暨大在復員後，院系有所擴充，師資隊伍也不斷充實。截止1948年6月，全校教師共173人，其中教授有118人，副教授11人，其餘講師有13人，助教31人。〔註349〕教授佔了近七成，為其在學校事務決策中發揮主導作用提供了有利條件。教授們在得知暨大即將遷往臺灣的消息後，大部分都極為反對，決定聯合起來，成立教授會，以團體之力阻止遷校。劉佛年、劉大杰、吳文祺、江之永、劉咸等教授，為了避免教授會成立大會遭到學校當局的破壞，經過秘密商議，決定借中國科學社來校演講之際，召開成立大會。1949年2月8日，中國科學社來校演講，暨大教授參會者達90餘人，趁機宣布正式成立教授會，並議決通過了教授會章程，同時設立理事會、監事會等常務機構，選舉出劉大杰、劉咸等11位教授為理事，高君珊、馮定璋等5位教授為監事。大會還通過了四項決議：「(1)電請政府從速改善待遇；(2)在任何情形下，決不遷校，並如期開學上課；(3)請本校當局儲糧應變；(4)請本校當局從速保釋歷次被捕學生，並設法保障學生安全。」〔註350〕表達了絕不遷校的決心和維護師生待遇安全的辦法。

　　暨南大學教授會成立之後，又推動學校次第成立了講師助教會、職員會和工友會等組織，以更好地維護教職工的權益和推動暨大民主運動的發展。

　　　　1946年6月至1949年5月，接替何炳松任國立暨南大學校長，後赴臺，於1961年任臺灣考試院考選部部長。參見周川主編：《中國近現代高等教育人物辭典》，福建教育出版社，2012年，第230頁。

〔註347〕 李壽雍：《擬將暨大遷臺事呈教育部文》(1948年12月6日)，中國第二歷史檔案館藏，教育部檔案，檔案號：5-5310。

〔註348〕 李壽雍：《電請預撥薪金兩月以便轉借教職員遷送眷屬由》(1949年1月)，中國第二歷史檔案館藏，教育部檔案，檔案號：5-3411。

〔註349〕 《校史及概況》，《國立暨南大學校刊》復刊17～18期合刊，1948年7月1日，第8頁。

〔註350〕 《暨大教授會成立，請政府改善待遇》，《申報》，1949年2月9日，第4版。

教授會也與講師助教會、職員會及新設立的儲糧應變委員會等組織，積極參加學校的行政會議，議決校政。〔註351〕同時教授會還與學生進步組織「雷社」密切合作，開展了反遷校、反破壞、團結護校的運動，並推選教授代表參與交大、復旦等校組織上海國立大學教授聯誼會。〔註352〕教授會與其他組織密切聯繫、暗中洽商，積極推進護校應變及維護師生權益的工作，最終迫使遷臺計劃流產。至1949年5月上海解放前夕，僅有20餘名教職員和40餘名學生追隨校長李壽雍赴臺。

作為首都最高學府的國立中央大學，也在1949年1月初就遷校問題展開討論，最終決定不遷校，並直接導致校長周鴻經出走。為了維持學校發展穩定，教授會在校長離開後，迅速填補權力真空，成為學校最高的權力機關，並組織成立了臨時校務維持委員會等機構，實行「教授治校」（中央大學的「教授治校」詳見第三章）。在學校秩序日漸穩固之時，中央大學師生對於新體制所帶來的新風氣也都看在眼裏，決心抵制國民政府選派校長來校，更發出了「反對教部派任何人出長中大」，擁護和支持「教授治校」的號召。〔註353〕

（二）教授會維護師生權益的努力

在全國解放前夕，物價飛漲，通貨膨脹十分嚴重，經濟陷於崩潰的邊緣。各校師生難以維持基本生活，如何求得經費和改善教職員、學生待遇，成為師生最關心的問題。在此期間，教授會通過發表宣言、選派代表赴京交涉和成立區域性的教授聯誼會等方式，成為維護師生權益的重要保障。

為獲取經費，切實改善教職員待遇，上海市各高校組織成立了上海國立大專院校教授聯誼會，並聯合講師助教會、職工會等組織，推動政治民主運動和向政府爭取經費補助，維護師生權益。1949年2月5日，交大邀集復旦、暨南、同濟、上海商學院、上海醫學院及唐山工學院等校教授代表，聯合成立了上海國立大專院校教授聯誼會，並在交大容閎堂召開第一次會議。〔註354〕大

〔註351〕《第七次行政會議記錄》（1949年3月11日），上海市檔案館藏，國立暨南大學檔案，檔案號：Q240-1-130。

〔註352〕《暨大教授會之活動情況》（1949年6月17日），上海市檔案館藏，國立暨南大學檔案，檔案號：Q240-1-226。

〔註353〕《中大人報關於系科代表決議報導》，《南大百年實錄》編輯組編：《南大百年實錄·中央大學史料選》上卷，南京大學出版社，2002年，第539頁。

〔註354〕會名原本擬定為「國立大專院校教授會聯合會」，但因一部分學校當時尚無教授會組織，故改稱為「國立大專院校教授聯誼會」。參見《國立大專教授聯誼會昨曾商改善待遇問題》，《申報》，1949年2月6日，第4版。

會重點討論了改善教授待遇問題，決定選派代表親赴南京爭取應變之費，並初步制訂了爭取十億元金圓券，作為應變費的目標計劃。〔註355〕

其他未設立教授會的一些大學，為了能參加教授聯誼會，也迅疾成立了教授會。如國立社會教育學院專門召開全體教授大會，組織成立了教授會，並選派杜作舟、劉雪廠兩教授為代表，參加上海國立各院校教授聯誼會，互動聯繫。〔註356〕國立同濟大學也在 2 月 16 日重新恢復了教授會，〔註357〕並制定公布了《國立同濟大學教授會章程》。〔註358〕同濟大學全校有教授 130 餘人，當時留滬者約百人左右，出席成立大會者有 80 餘人。校長夏堅白也以教授資格出席，大會選舉出理事會、監事會人員，「郭紹虞、錢實甫、王鳳振等十一人當選理事，裘法祖、李國豪等五人當選監事」。〔註359〕理事會推選郭紹虞為常務理事，教授會還選派郭紹虞、錢實甫、王鳳振三人為代表參加上海市國立院校教授聯誼會。

上海國立大專院校教授聯誼會選派的代表們經過據理力爭，迫使國民政府撥付一億元作為應變費。教授聯誼會經討論決定，將「其中 15%充各國立院校學生儲糧之用，其餘 85%分配於各校教職員工，分配比例係就各校人數而定」；為了解決教授待遇問題，會議還決定致電李宗仁代總統及行政院，「請按物價指數計薪」。〔註360〕教授聯誼會還要求參加該會，而「尚未成立教授會之學校，盡速於四月二十四前成立」。〔註361〕

南方各省的大學也面臨同樣的處境，教學秩序接近癱瘓，「反飢餓、反迫

〔註355〕 屠聽泉、劉作民：《解放戰爭時期同濟教工鬥爭片斷》，上海歷史研究所教師運動史組編：《上海教師運動回憶錄》，上海人民出版社，1984 年，第 418 頁。

〔註356〕 《學府瑣聞》，《申報》，1949 年 3 月 1 日，第 7 版。

〔註357〕 同濟大學在南京國民政府接管前，為私立大學，董事會掌握學校校政大權，但也注重民主治校，設立有教授會，負責學校教務管理。國民政府接管後改為國立大學，並依照 1929 年頒布的《大學組織法》取消了教授會、董事會等組織，而設立校務會議、教務處、秘書處等機構。校務會議為議事機構，「以校長、秘書長、各部科各機關主任及由校長邀請教員組織之」，審議學校預算、章程、訓育、建築設備等事項。秘書處則是學校行政的總樞紐，一切對內對外事宜均須經過秘書處。參見翁智遠、屠聽泉主編：《同濟大學史第一卷（1907～1949）》，同濟大學出版社，2007 年，第 72～73 頁。

〔註358〕 《國立同濟大學教授會章程》，《同濟校刊》復刊新第 12 期，1949 年 2 月 21 日，第 2 版。

〔註359〕 《同濟教授會復會 即席選舉理監事》，《申報》，1949 年 2 月 19 日，第 4 版。

〔註360〕 《教授聯誼會議決》，《申報》，1949 年 2 月 19 日，第 4 版。

〔註361〕 《國立大專教職員本月薪月半發放》，《申報》，1949 年 4 月 7 日，第 4 版。

害」等罷教罷學風潮迭起。1948 年底，國民黨在中國的統治分崩離析，各類機關紛紛南遷，廣州雪上加霜，社會動盪、物價飛漲，遭受一場大潰退前夕的浩劫，各校師生生活困苦不堪。

1949 年 1 月 13 日，國立中山大學以中文系主任孔德為首的各系教授，聯名向當局發出「因生活悲慘，要求依照最近調整待遇發薪，限十五日十二時前清發兩個月，否則全體罷考（按：即不給學生出考題、批考卷）」的警告。2 月 2 日，因物價上漲，員工生活陷入窘境，中山大學教授會全體教授向當時的教育部負責人陳雪屏請願，要求一次性透支 3 至 7 月份的薪津。3 月 5 日，中大教授因生活受到嚴重威脅，從該天起實行罷教並「總請假」達二十四天。〔註362〕3 月 7 日，中山大學教授會及教授福利會全體理監事 30 餘人繼續請願，要求改善待遇，並包圍了校長，並於同月 10 日急電代總統李宗仁及有關部會，以穗市「物價一日數漲，漲必數倍」，要求加薪，提出薪津二分之一發銀圓，二分之一發金圓券等改善待遇三項辦法。11 日，中山大學教授的要求得到有關部門答覆，薪俸照五百倍借發。中山大學教授總請假待命至 4 月 1 日，因未獲改善待遇，不能復課，又繼續請假。直至 4 月 18 日，中山大學教授決定自謀自救，以校養校，籌設師生員工生活互助會，宣布結束 24 日之總請假行動。〔註363〕到了 5 月，因生活受到嚴重威脅，中大教授組織「拍賣行」，只得將書籍、首飾、衣服、家私忍痛拍賣，為示抗議，教授們在國民黨政府的教育部門前掛起了「國立中山大學教授活命大拍賣」的大字招牌，成為中外教育史上的一大醜聞。〔註364〕

地處西南的國立廣西大學，為改善師生待遇，也積極傚仿上海各大學的做法，在 1949 年 3 月 25 日召開教授會，商討生活維持辦法。大會一致決議向教育部提出三項要求：「（1）緊急救濟，於一周內發給白米十市擔或光洋三十元；（2）根本辦法，從三月份起，薪金以二月份待遇數實發銀元；（3）研究費亦照標準數實發銀元，並自二十八日起實行全體罷教，藉表決心。」〔註365〕

〔註362〕陸鍵東：《陳寅恪的最後 20 年》，生活・讀書・新知三聯書店，2013 年，第 21 頁。

〔註363〕廣州工運史研究委員會辦公室編印：《廣州工人運動大事記》，1985 年，第 311 ～313 頁。

〔註364〕梁山、李堅：《中山大學校史 1924～1949》，上海教育出版社，1983 年，第 138 頁。

〔註365〕《袖珍新聞：桂林》，《申報》，1949 年 4 月 6 日，第 5 版。

貴州省的國立貴大、貴師、貴醫三校，因教育部未將一月的經費撥發，三校純靠借貸度日，已難以維繫，經教授會商議決定，「一致請院校轉教部，迅按最近調整及加發一個月，連同二月經費，匯撥來築」。〔註366〕重慶市內的國立專科以上學校教授會，也曾在 3 月 16 日致函綏靖公署、市政府和參議會，「謂年來待遇不合理，迭經呼籲無效，迫不得已罷教，一俟中央改善待遇，即當復課」。面對罷教風潮，綏靖公署也於當日表示，各校教職員待遇將做調整，並已令教育部核議。〔註367〕

綜上所述，在解放戰爭時期，國民政府忙於應對戰事和經濟危機，對教育文化事業已無暇顧及，為「教授治校」的推行創造了有利環境。北大、南開等校在戰時受西南聯大治理模式的影響，在復員整合期間，借機調整內部組織機構，設立了教授會，倡導「教授治校」，並迅速引發了連鎖反應。面對社會各界反獨裁、求民主的呼聲，國民政府頒布《大學法》，對校務會議、院務會議的人員構成作了修正，增加了教授代表人數，使其在校院事務決策管理中佔據主導作用。後期受戰局影響，某些大學甚至一度出現無校長的局面，為了維持學校的穩定，應對動盪的時局，一些大學也主動借鑒清華等校，推行「教授治校」，並組織成立了區域性的教授聯誼會。

在此期間，「教授治校」進一步向本土化發展，總體是以清華模式為參照，教授會成為最高權力機構，「教授會得設各種委員會，以統治全校，一如英國市郡議會之組織然」。〔註368〕大部分大學囿於政府大學法規，而未像清華那樣設立評議會，而以校務會議（推選教授代表參加）取代。同時，各校依據自身實際，設置理事會、校務維持會和各類事務委員會等機構，由教授會推選代表參加，集體協商處理學校各類事務。

〔註366〕《三校請撥發經費》，《申報》，1949 年 1 月 12 日，第 2 版。

〔註367〕《本報重慶十六日電》，《申報》，1949 年 3 月 17 日，第 2 版。

〔註368〕錢端升：《錢端升全集》第 8 卷文選（上冊），中國政法大學出版社，2017 年，第 37 頁。